Vater, Sohn und Männlichkeit

Vater, Sohn und Männlichkeit

Mit Beiträgen von Richard Rohr, Albrecht Mahr, Wassilios E. Fthenakis, Thomas Gesterkamp, Günther Nenning u. a.

Herausgegeben von Markus Hofer
Christian Luhan und Anton J. Schuierer

Tyrolia-Verlag · Innsbruck-Wien

Gedruckt mit Unterstützung von:

Männerbüro der Katholischen Kirche Vorarlberg
Familienreferat des Landes Vorarlberg

Männertagung und Publikation wurden auch gefördert von:

tirol Kultur

tirol Juff Familienreferat

Vorarlberg Familie

BUNDESMINISTERIUM
FÜR SOZIALE SICHERHEIT UND GENERATIONEN

Mitglied der Verlagsgruppe „engagement"

Die Deutsche Bibliothek – CIP-Einheitsaufnahme

Ein Titelsatz für diese Publikation ist bei
Der Deutschen Bibliothek erhältlich

2001

Umschlaggestaltung: Mag. Elke Staller, Innsbruck
Satz: Satzstudio Walter Schöpf, Oberperfuss
Druck und Bindung: Alcione, Trento
ISBN 3-7022-2365-7

Inhaltsverzeichnis

Vorwort der Herausgeber

Die erste österreichische Männertagung in Wien 1998 war für uns ein wichtiges Ereignis. Noch vor Ort haben wir uns aus dem Westen Österreichs bereit erklärt, die nächste Folgetagung zu übernehmen. Sie fand statt vom 1. bis 4. Juni 2000 in Innsbruck im Haus der Begegnung.

Das Ziel der Tagung war es, ein gemeinsames Thema, die Weitergabe von Männlichkeit, aus verschiedenen Ansätzen der Männerarbeit zu beleuchten (mythologisch, familiendynamisch, politisch). Neben dem Thema sollte damit auch die Möglichkeit geboten werden, die Chancen und Grenzen der verschiedenen Zugänge auszuloten. Die Tagung war für alle offen und bot gleichzeitig die Gelegenheit, Männerinitiativen und Experten miteinander zu vernetzen.

Die Tagung sollte politische Folgen haben. Das war von Anfang an unser Ziel, denn wir sehen genügend Bereiche der Politik, in denen Männer/Väter nicht (mehr) oder zu wenig vorkommen. Deshalb zielten wir auf ein präsentierbares Ergebnis hin. Eines ist die Tagungsresolution, ein anderes die Dokumentation der Tagung, für deren Publikation wir dem Tyrolia-Verlag danken.

Ebenso möchten wir an dieser Stelle unseren Vorgängern danken, den Wiener Kollegen, die die erste österreichische Männertagung ausrichteten, und ebenso den oberösterreichischen Kollegen, die für den 1.–4. Mai 2002 die dritte Tagung übernommen haben. Wir hoffen damit, einen wichtigen Schritt zur Traditionsbildung getan zu haben.

Christian Luhan
MannsBilder, Männerzentrum Innsbruck

Anton J. Schuierer
Haus der Begegnung, Innsbruck

Karl Eller
Männerpastoral der Diözese Innsbruck

Markus Hofer
Männerbüro der Kath. Kirche Vorarlberg

Markus Hofer

Männlichkeit ernst nehmen

Zur Einleitung

Von der vaterlosen Gesellschaft ist bereits die Rede, vom Drama der Vaterentbehrung und von der Krise der Männer. Aggression und Gewalt, Sucht und Orientierungslosigkeit nehmen bei den männlichen Jugendlichen rapid zu und immer mehr weibliche Lehrerinnen fragen sich, wie sie eigentlich dazukommen, dieses „Männerproblem" ausbaden zu müssen. Die Anzahl der strittigen Scheidungen schnellt hinauf und immer mehr werden die Kinder, Söhne wie Töchter, Gegenstand hasserfüllter Schlammschlachten ihrer Eltern. Die unappetitlichen Begleiterscheinungen scheinen in unserem Land derzeit zu eskalieren. Sind Männer ganz einfach Schweine, wie eine Popgruppe unlängst ultimativ konstatierte?

Es gibt eine Krise der Männlichkeit, und die hat mit dem Problem der Väter zu tun. Auf diesem Hintergrund standen die Überlegungen zur zweiten österreichischen Männertagung, und so entwickelte sich sehr bald das Tagungsmotto heraus: Vater, Sohn und Männlichkeit. In der „Vaterlosigkeit" unserer Gesellschaft tut sich die eigentliche Tragik heutigen Mannseins auf. Wie viele von uns haben auf ihrem Weg des Mannwerdens einen ansatzweise königlichen Vater erlebt? Viele von uns sind ‚ohne Vater' aufgewachsen, sei es weil keiner da war oder er nie Zeit hatte. Viele haben zwar einen Vater erlebt, aber er war entweder tyrannisch oder schwächlich. Doch die Söhne können nicht von ihren Müttern lernen, was es heißt, Mann zu sein. Erst die männliche Bestätigung schafft eine ruhige Kraft. Auf dem Weg zum Mannsein brauchen die Söhne Männer, an erster Stelle natürlich den Vater, es können aber auch andere ältere Männer sein. Was früher die Initiationsriten waren, sind heute nur noch Mutproben innerhalb der Jugendbanden, unbegleitet von älteren Männern.

Fehlt die notwendige Ablöse von der Mutter und fehlen die männlichen Vorbilder, kann der Junge keine reife Männlichkeit entwickeln. In seiner Not und Orientierungslosigkeit glaubt er, Männlichkeit sei das Gegenteil dessen, was die Mama macht, und verhält sich dann auch so. Damit pflanzt sich die Sache verhängnisvoll fort. Orientierungslose, unsichere Männer sind dann auch nur schwer imstande, den eigenen Söhnen wiederum kraftvolle Väter zu sein. Das Problem der Männer heute ist nicht ein Zuviel an Männlichkeit, sondern vielmehr der Mangel an reifer Männlichkeit. Deshalb ist die Pflege und Weitergabe von Männlichkeit eine zentrale Herausforderung an uns Männer.

Die Männertagung sollte eine Tagung werden, die die Männer ernst nimmt und getragen ist von einer Achtsamkeit gegenüber dem Männlichen. Derzeit bekommen Männer in der Öffentlichkeit über ihr Geschlecht nicht viel Gutes zu hören und es ist modern, im Mann die Ursache allen Übels zu sehen. Auch der Feminismus, wenn er sich an Männer wendet, kehrt nicht selten den moralischen Zeigefinger hervor. Doch es befriedigt höchstens niedrige Instinkte, wenn Männer sich nun ein kollektives Büßergewand anziehen und sich schuldbewusst an die Männerbrust klopfen. Selbstverständlich waren die Frauen immer schon die ersten Opfer fehlgeleiteter, unreifer Männlichkeit. Doch auch Frauen sind nicht von Natur aus reifer als Männer. Die Verächtlichmachung der Männer, so scheint es, läuft auf eine Verleumdung des Männlichen hinaus. Männer sollten sich nicht als Geschlecht schuldig fühlen oder sich rechtfertigen müssen. Dazu ist es aber nötig, dass wir selber aufhören, uns über Frauen definieren zu wollen. Das ist wie der kleine Junge, der ständig zur Mutter aufblickt und fragt, ob er es recht macht. Auch der große Junge, egal ob er gegen Frauen ankämpft oder um ihre Gunst buhlt, ist getrieben von diesem Blick zur Mutter, ist abhängig vom weiblichen Segen, ist eigentlich als Mann unfrei und kraftlos. Stattdessen sollten wir uns viel mehr zusammen als Männer besinnen auf uns selbst, auf unsere ureigenen männlichen Stärken. Die Männertagung sollte dafür Möglichkeit und Anlass sein.

Starke Männer sind starke Partner

Partnerschaft zwischen Mann und Frau ist weder ein Zustand dauerverliebter Harmonie noch eine falsch verstandene Geschlechterdemokratie, in der abgestimmt oder aufgerechnet wird. Vielmehr geht es um ein lustvoll-spannungsreiches Miteinander, das die

Fähigkeit zum Austausch ebenso verlangt wie die zum Konflikt und zur Auseinandersetzung. Echte Partnerschaft wird möglich zwischen starken Männern und starken Frauen und belässt gleichzeitig beiden ihre Eigenart. Nur Männer, die klar in ihrem Mannsein stehen, können ohne Ängste oder Machtbegierden, was meistens nahe beieinander liegt, als ebenbürtiger Partner auf eine Frau zugehen. Gewalt und Brutalität sind dagegen gerade nicht Ausdruck männlicher Stärke. Vielmehr sind es innerlich schwache und unreife, manchmal auch hilflose und überforderte Männer, die zu körperlicher Gewalt greifen. Starke Männer haben es gar nicht nötig, auf Schwächere loszugehen. Starke Männer sind fähig zu geben und zu empfangen und gehen mit Konflikten und Verletzungen verantwortungsvoll um. Sie fühlen sich wohl in der eigenen Körperlichkeit, genießen die gegenseitige Anerkennung in der Erotik und erleben Sinnlichkeit und Sexualität als Quelle der Lebendigkeit. Darüber hinaus bereichern Verlässlichkeit und Verbindlichkeit jede Beziehung ebenso wie Behaglichkeit und Humor. Starke Männer sehen die persönliche Entfaltung der Frau und ihre eigene als Bereicherung der Beziehung. Sie bemühen sich um partnerschaftliche Gerechtigkeit in verschiedenen gesellschaftlichen Bereichen zur Entlastung beider Seiten.

Starke Partner treten für ihre Ideen ein, nehmen ihre eigenen Grenzen wahr und können nein sagen. Sie ergänzen sich nicht nur, sondern haben auch den Mut zur Auseinandersetzung und die Bereitschaft, Konflikte auszutragen. Starke Partner gleichen ihre Domänen aus. Frauen geben Machtansprüche in Haushalt und Familie ab und Männer übernehmen Verantwortung. Dasselbe geschieht umgekehrt im öffentlichen Bereich. Sie stärken das Selbstwertgefühl der Frauen im öffentlichen Bereich und das der Männer im Familienleben. Sie bleiben als Eltern in ihrer Persönlichkeit eigenständig und funktionieren auch als Paar weiterhin. Starke Partner erhalten sich ihre eigene Identität und definieren sich nicht einseitig über Beruf oder Elternschaft. Sie bleiben interessante Männer und interessante Frauen.

Von neuen alten Männern

Braucht es dafür „neue Männer“, so wie heute alles „neu“, „light“ oder wie immer sein muss? Kann man den Mann einfach neu erfinden? Es muss einiges anders werden, darüber gibt es keine Zweifel. Doch möchte ich die Rede von den alten und neuen Männern einmal genauso plakativ aufnehmen und eine dritte Gruppe hinzufügen: die neuen alten Männer. Die alten Männer sind demnach die vorsintflutlich gestrickten, jede Selbstreflexion verweigernden Chauvis, die glauben, Männer seien grundsätzlich die besseren Wesen. Die neuen Männer sind die in politischer Korrektheit topaktuellen Modelle, die glauben, dass die alten Männer grundsätzlich alles falsch gemacht haben und die Frauen sowieso von Haus aus die besseren Wesen sind: Wenn ihr nicht werdet wie die Frauen, werdet ihr nicht in das Himmelreich eingehen; oder wie bei Richard Wagner: Am weiblichen Wesen wird der Mann genesen. Die neuen alten Männer sind überzeugt, dass ihre Vorgänger zwar manches falsch gemacht haben, aber nicht grundsätzlich verblendete Dummköpfe waren und wir einiges lernen können von dem, was unsere männlichen Vorfahren gedacht, erlebt und getan haben. Die neuen alten Männer schätzen die Frauen sehr, empfinden Unterschiede als spannend und lustvoll, glauben aber nicht, dass ein Geschlecht dem andern grundsätzlich überlegen ist.

Viele Herausforderungen, vor denen wir stehen, sind im Grunde alte Geschichten, wie beispielsweise die Vereinbarkeit von Beruf und Familie. So war es schon die Aufgabe des mittelalterlichen Ritters, die „maze“, das rechte Maß zwischen „aventiure“ (Abenteuer) und „minnedienst“ (Liebesdienst) zu finden. Die „aventiure“ ist nichts anderes als der Beruf, die Karriere, der Sport, das Hobby, während der „minnedienst“ für die Partnerschaft und das Vatersein, die Familie und das Heim steht. Ist die Herausforderung an einen Mann heute eine so viel andere als die an den mittelalterlichen Ritter? Hartmann von Aue hat zwei Ritterepen geschrieben, den Erec und den Iwein, Erziehungsromane für Männer würde man heute sagen. Iwein, der Macho, „verrîtet“ sich. Vor lauter Abenteuer, Beruf und Angeberei findet er den Weg nach Hause nicht mehr. Erec, der Softie, „verlîget“ sich. Er kann sich nicht lösen vom Busen seiner Geliebten, kommt gleichsam nicht mehr aus dem Bett heraus und versumpft im häuslichen Wohlergehenlassen. Wir stehen als Männer heute vor derselben Aufgabe, derselben Herausforderung, nur fällt es Männern vielleicht leichter und hat mehr Kraft, wenn sie es im Bewusstsein eines Ritters tun dürfen.

Eine Tagung mit Folgen

Männerarbeit soll Folgen und Auswirkungen haben. Es reicht nicht, sich nur hin und wieder seelisch zu streicheln. Manchmal muss einer auch sein Leben ändern. Grundsätzlich sollte Männerarbeit immer politisch und spirituell sein. Wenn spirituelles Tun keine Veränderungen nach außen bewirkt, nützt es nichts. Es ist dann höchstens angenehm. Wenn jemand nur aus politischer Korrektheit handelt, aber nicht aus innerer Überzeugung oder Reife, dann ist es auf Dauer ebenfalls zu wenig.
Da die verschiedenen Ansätze der Männerarbeit auch in Österreich divergieren, war es das erklärte Ziel der Männertagung, die unterschiedlichen Ansätze unter einem gemeinsamen Tagungsthema zusammenzubringen: die gesellschaftspolitische (Fthenakis, Gesterkamp), die familiendynamische (Mahr) und die mythologische (Rohr) Perspektive. Wir waren und sind nach wie vor überzeugt, dass sich diese verschiedenen Ansätze ergänzen und bereichern können. Nicht zuletzt hoffen wir, dass diese Bereicherung auch im vorliegenden Tagungsband spürbar wird. Die einzelnen Referate werden möglichst zur Gänze wiedergegeben, während es sich bei den Workshops, die ebenfalls die verschiedenen Ansätze widerspiegeln, um Berichte unterschiedlicher Länge handelt. Die Vielfalt sollte auf jeden Fall gewahrt sein. Aus Sicht der Veranstalter ein Höhepunkt ist die gemeinsame Resolution, von der wir hoffen, dass sie weiterwirkt, damit die Tagung auch politische Auswirkungen und Folgen hat.

Vom kabarettistischen Einstieg zu den Hauptreferaten

„Wussten Sie das: Auch heute noch sind 50 Prozent aller Eltern Väter ...“ Seit über drei Jahren hat *Tobias Bücklein* mit seinem musikalischen Kabarett *„ÜberVäter“* in über 50 Auftritten ein stattliches Publikum erreicht. Seine ehrlich-hintergründigen Kabarettnum-

mern bildeten den wohl tuenden Auftakt der Männertagung; schließlich tut es gut, wenn einem nicht gleich zu Beginn einer Tagung schon das Lachen vergeht. Zudem verbindet das gemeinsame Lachen, auch wenn einen manche von Bückleins Pointen schon eher im Halse zumindest kratzten. Lebendiges Kabarett lässt sich bekanntlich nicht in Buchform wiedergeben und deshalb sei an dieser Stelle auf die entsprechende CD verwiesen: ÜberVäter-CD, DM 30.– (inkl. Porto und Verpackung), zu beziehen bei Tobias Bücklein, Sankt-Gebhard-Platz 26, D-78467 Konstanz, Fon 07531/66228, tobias@buecklein.de. Zwei Texte, die auch schriftlich wirken, hat er für diesen Tagungsband zur Verfügung gestellt und sie bilden den Auftakt. „Übrigens: Die Männer werden heutzutage immer später Väter. Viele erst mit 35 oder 40, manche noch später. Einige merken es auch erst, wenn sie schon die ersten Enkel haben …"
Für den ersten Abend war die Vorbereitungsgruppe auf der Suche nach etwas Originellem, das nicht Kabarett und nicht Fachvortrag sein sollte. Nach einigem Hin und Her und begleitet von Zufällen erhielten wir die Zusage von *Günther Nenning,* einer vermutlich durch und durch österreichischen Erscheinung, einem Mann, der in eine große Reihe geistreicher Querköpfe gehört, für die Wien offensichtlich immer schon einen guten Boden bildete. Auf ihn waren wir nicht zuletzt deshalb gekommen, weil er vor kurzem in doch schon fortgeschrittenem Alter noch Vater wurde. Ein Titel für seinen Abend war von ihm auch nach einigen Mühen nicht zu bekommen. *„Das Thema interessiert mich …"* war alles, was wir ihm abringen konnten. Dafür brachte er den für die Kronenzeitung schon vorgefertigten Bericht über die Männertagung bereits mit! Der erste Abend hielt für uns, was der Name versprach. Er war witzig und originell, verquer und geistreich, mit manchen unvorhersehbaren Wendungen, vor allem aber ehrlich und authentisch. Auf die Frage, was sich in seinem Leben als Mann in Bezug auf Frauen verändert habe, antwortete Nenning offen und pointiert: „Als ich Linksmarxist war, war ich überzeugt, dass das moralisch ausreicht und ich mich nicht auch noch besonders um die Frauen bemühen müsse. Zu einem fairen Verhältnis zu Frauen kam ich paradoxerweise erst, als ich ganz reaktionär mit der Vielpuderei aufhörte und monogam wurde." Es tut manchmal sehr gut, einem älteren Mann zuzuhören, wenn dieser von seinen Lebenserfahrungen spricht.

Wenn er es auch noch sprachlich so pointiert kann wie Günther Nenning, dann umso besser. Vielleicht gilt für Nenning selbst, was er über Otto Weininger sagte: Er war genial, unernst, melancholisch und verspielt. Der Duktus des originalen Live-Gesprächs mit Günther Nenning wurde auch im Text beibehalten, die Reminiszenzen aus der anschließenden Diskussion sind gestrafft; der Artikel für die Kronenzeitung ist übrigens nie erschienen.

Für den Eröffnungsvortrag war ursprünglich Dieter Schnack vorgesehen. Bei der Kontaktaufnahme erfuhren wir von ihm, dass er schwer krank und möglicherweise bis dahin gar nicht mehr am Leben sei. Tatsächlich ist Dieter Schnack einen Tag nach unserer Männertagung verstorben. Deshalb möchten wir an dieser Stelle seiner gedenken in der Hoffnung, dass ihn unsere männliche Solidarität auch über den Tod hinaus erreicht.
An seiner Stelle hat sein Kollege und Co-Autor *Thomas Gesterkamp* das Eröffnungsreferat übernommen, in dem er sich unter dem Titel *„Die Krise der Kerle"* mit der schleichenden Entwertung traditioneller Männlichkeit in Arbeitswelt und Privatleben beschäftigte. Im Beruf arbeiten die Männer immer noch wie früher, wenn nicht noch mehr, wie die junge Internetgeneration, die nicht selten mit der Arbeit auch den ultimativen Lebenssinn verbindet, Spaß und Fun eben, als gäbe es nichts anderes. Ging früher der Vater morgens aus dem Haus, um abends müde heimzukommen, wurde diese Mühe wenigstens als Sorgen für die Familie anerkannt. Heute bekommt er nur noch zu hören, er sei nie daheim. Zählte früher der Held der Arbeit noch etwas, erscheint heute die Karriereleiter eher als Hamsterrad, das die Männer zunehmend einsam und kaputt macht. Eine Folge der männlichen Arbeitsideologie ist, dass sie daheim in der Familie kaum mehr eine Rolle spielen. Männer sind die ewigen Praktikanten des Privaten. Sie müssen sich nicht zu hundert Prozent ändern, beruhigt Gesterkamp, aber sie sollten ihr männliches Wertesystem relativieren. Vielfältigere Lebens- und Arbeitsformen sollten den Männern einen größeren Anteil am „guten Leben" jenseits der Erwerbsarbeit sichern. Vater, Sohn und Männlichkeit bleiben auf der Strecke oder werden eindimensional, wenn sich an den Rahmenbedingungen der Arbeit nichts ändert. Privates und Politik müssen zusammen gesehen werden, machte Thomas Gesterkamp in seinem Eröffnungsvortrag deutlich.

Noch bis vor etwa zwanzig Jahren war die Fachpsychologie überzeugt, dass es zur Zeugung zwar einen Vater braucht, für die Erziehung des Kindes aber im Grunde eine Mutter ausreicht. Durch die neue Perspektive der systemischen Familientherapie kam nicht nur das Gesamtsystem Familie in den Blick, sondern damit in fast archaischer Klarheit der Vater und seine unbestreitbare Bedeutung in der Familie und für die Kinder. Am deutlichsten nachzuerleben ist seine Rolle in den Familienaufstellungen nach Bert Hellinger, die *Albrecht Mahr* auf der Männertagung in einem durchgehenden und stark besuchten Workshop anbot. Berührende Einblicke in familiäre Bindungen und Verstrickungen tun sich da auf, wirksame Erfahrungen ermöglichen die Sicht einer tieferen Wirklichkeit und befreite Gefühle kommen auf mit der heilenden Kraft guter Lösungen. In seinem Vortrag *„Mein Vater - mein Schicksal?"* fasst Mahr das Geschehen der Familienaufstellung sehr plastisch zusammen und bezieht sich gerade in den Beispielen auf das Tagungsthema und den Zusammenhang von Vater, Sohn und Männlichkeit. Väter und Söhne sind im Familiensystem miteinander verstrickt. Wenn Söhne sich immer nur als Opfer der Väter sehen, sich für vaterlos erklären und gar sich neu erschaffen wollen, bleiben sie verstrickt und kraftlos, wie immer ihr Leben nach außen verlaufen vermag. Der und kein anderer ist mein Vater – dies anzuerkennen ist das Tor zu einer guten eigenen Vaterschaft und zu liebevoller Männlichkeit.
Laut Mahr zeigt sich im Familienstellen in den letzten Jahren, wie sehr das geschichtliche Erbe unserer Väter und Großväter jetzt erst so richtig aufbricht. Als diese aus dem Krieg heimkamen, konnten sie nicht reden. Sie waren sprachlos über das, was sie gesehen oder getan hatten. Sie hatten keine Chance, es zu bearbeiten. Das Erbe wirkt jedoch weiter und wir Söhne können die Verstrickung nur lösen, wenn wir in Achtung und Verständnis hinschauen auf das, was war, wenn wir mit Würdigung und Respekt der Geschichte unserer Väter entgegentreten. Offenes Interesse statt dem Verlangen von Rechtfertigung, heilendes Hinschauen statt nachträglichen Vorwürfen könnten für uns Söhne ein Tor in eine befreite Zukunft sein.

Größer hätte der Kontrast kaum sein können als zwischen den Familienaufstellungen Albrecht Mahrs und dem sozialwissenschaftlichen Ansatz von *Wassilios E. Fthenakis,* dem führenden Vertreter der empirischen Väterforschung im deutschsprachigen Raum. Und

doch: die Ansätze ergänzen sich, die Perspektiven bereichern sich gegenseitig und manches darf auch zu einer fruchtbaren Auseinandersetzung führen. In seinem Referat *„Die Rolle der Väter"* präsentierte Fthenakis Forschungsergebnisse und Perspektiven einer neuen Familienpolitik. Vater- und Mutterschaft sind für ihn nicht nur geschlechtsbedingt, sondern mit den Rahmenbedingungen verknüpft. Da die Bedeutung der Väter unbestreitbar ist, hätten der Staat und die Gesellschaft auch die Verantwortung, die Rahmenbedingungen dafür zu gestalten, nicht zuletzt auch bei Trennung und Scheidung. Ausführlich zeigt Fthenakis Faktoren auf, die die väterliche Beteiligung beeinflussen. Demnach haben Studien beispielsweise ergeben, dass die Einstellung der Mutter zur Männlichkeit des Vaters Einfluss hat auf die Männlichkeit des Sohnes. Umgekehrt, meinte Fthenakis, müsse den Männern heute klar sein, dass sie sehr kompetenten Frauen gegenüberstünden. Sie werden sich also auch selbst bemühen müssen, um eine gute Beziehung zu gestalten. Die Geburtenrate gehe genau in jenen Ländern rapide zurück, in denen es wenig Kinderbetreuungseinrichtungen gebe und sich die Männer nicht aktiv an den familiären Aufgaben beteiligen. Wie schon bei Gesterkamp wurde auch hier deutlich, dass das persönliche und gesellschaftliche Bewusstsein um die Vaterrolle allein nicht ausreichen wird, sondern der Unterstützung einer entsprechenden Familienpolitik bedarf.
Heiß diskutiert wurde in den Pause Fthenakis' Replik auf die neokonservativen Annahmen zur Bedeutung der Väter. Diese undifferenzierte und wohl auch etwas amerikanisch anmutende Position zu widerlegen ist nicht schwer, und doch klang es für manche so, als würde eine spezifische Vaterrolle grundsätzlich in Frage gestellt werden. Vielleicht ist dieser Zug gerade nach den Ausführungen von Albrecht Mahr und dem intensiven Familienaufstellungs-Workshop einigen Tagungsteilnehmern besonders aufgestoßen. Gerade mit der von Fthenakis bestrittenen 4. Annahme („Väter sind besonders wichtig für Jungen, da diese den Vater als männliches Rollenmodell benötigen, um eine maskuline Geschlechtsidentität entwickeln zu können") scheint das Tagungsmotto, in dem es um Weitergabe von Männlichkeit geht, selbst in Frage gestellt zu sein. Aus dem Gegenargument wird jedoch ersichtlich, dass Fthenakis nur an die sexuelle Orientierung denkt (hetero- oder homosexuell), während das Tagungsmotto männliche Identität wesentlich umfas-

sender versteht. Vielleicht macht gerade diese Auseinandersetzung deutlich, dass auch empirische Forschung sich nie im ideologiefreien Raum abspielt und dass die ideologische Diskussion geführt werden muss. Die Veranstalter der Männertagung jedenfalls verstehen das Festhalten an der Bedeutung der Väter und den Versuch, die Väter gesellschaftlich wie politisch wieder ins Spiel zu bringen, nicht als Rückkehr in einen patriarchalen Chauvinismus oder gar in angeblich naturrechtliche Urverhältnisse. Letztendlich geht es auch um neue Rollenbilder, um das Aufbrechen überholter Arbeitsteilungen, und dafür lieferte Fthenakis viele gute Argumente.
Ziel dieser Männertagung war es, das Tagungsthema im Auge immer wieder die Position wechseln zu können, die Perspektive und die Sichtweise, um so zu einer komplexeren Darstellung eines wichtigen Anliegens zu gelangen. Je mehr von neuen Männern und neuen Rollenbildern die Rede ist, umso mehr stellt sich die Frage, ob denn unsere männlichen Vorfahren alles falsch gemacht haben und völlig verblendet waren. Selbstverständlich ist Männlichkeit und Vaterschaft sehr eng mit den jeweiligen Rahmenbedingungen verknüpft, und die haben sich in der Geschichte immer wieder verändert, am radikalsten mit der beginnenden Industrialisierung. Trotzdem stellt sich die Frage, ob es darüber hinaus nicht auch Archetypisches gibt, Herausforderungen an Männer, an Väter, die im Kern immer wieder ähnliche waren, Herausforderungen, die uns in solidarischer Weise auch mit unseren männlichen Vorfahren verbinden können. Haben wir von unseren Vätern, Großvätern, Urgroßvätern und Ururgroßvätern gar nichts mehr zu lernen? Ist alles anders geworden oder wissen wir alles besser? Die Zukunft hat Wurzeln, und die liegen in der Vergangenheit. Wenn wir in unserer Gegenwart aus lauter aufgeklärter Besserwisserei die Wurzeln unserer männlichen Vergangenheit abschneiden, wird uns bei der Gestaltung der Zukunft die Kraft ausgehen. Deshalb ist der für viele Männer so ansprechende mythologische Zugang nicht einfach ein sehnsüchtig-nostalgischer Rückblick in Zeiten, als die Kerle noch was zu sagen hatten. Es ist ein solidarischer und im rechten Sinn auch demütiger Blick zurück in die Vergangenheit zu Männern, die vielleicht Jahrhunderte vor uns gelebt haben, zu kollektiven Erfahrungen, die Menschen über Jahrhunderte hinweg gemacht und deshalb in Geschichten immer wieder weitererzählt haben. Es ist ein demütiger Blick, weil er in der Annahme geschieht, dass wir von diesen Män-

nern, von diesen Erfahrungen vielleicht noch etwas lernen können, dass auch in der Geschichte Weisheit verborgen liegt, die uns manchmal gut tun würde.

Der amerikanische Franziskanerpater *Richard Rohr,* dessen Buch „Der wilde Mann“ zumindest im deutschen Sprachraum zeitgleich erschien mit Robert Blys „Eisenhans“, ist einer der führenden Vertreter dieser mythologischen Richtung der Männerarbeit. In seinem Vortrag *„Parzival und die Suche nach dem Gral“* erzählte er eine Geschichte, die ab dem Hochmittelalter lange Zeit zu den meisterzählten Geschichten gehörte. Die Geschichte von Parzival ist uralt und doch hochmodern. Es ist die Geschichte einer Alleinerzieherin und eines Vaterlosen. Richard Rohr verdeutlicht in diesem mythologischen Zugang den Weg, den ein Junge heute noch gehen muss, wenn er zu reifem Mannsein gelangen will. Die Lösung von der Mutter ist unabwendbar, auch wenn sie ihn nicht gerne ziehen lässt, da sie dann ganz allein ist. Über Wege und Irrwege, die Annahme des eigenen Schmerzes und der Grenzen, die Versöhnung mit dem eigenen Schatten, und unterstützt von väterlichen Mentoren gelangt Parzival dann zu jener männlichen Reife und Kraft, die ihn zum fairen Krieger, einfühlsamen Liebhaber und verantwortungsvollen König macht.
Nach dem Vortrag von Fthenakis war es ein gewaltiger Sprung in die Mythen mittelalterlicher Ritter. Wer vom Naturell her Zahlen, Daten und Fakten bevorzugt, tut sich vielleicht schwer mit solchen Bildern und Geschichten, mit Sagen, Mythen und Märchen. Sie sind vielschichtig, offen, tiefsinnig und uneindeutig gleichzeitig. Sie lassen sich schwer als Argumente verwenden, und doch können sie ihre Wirkung haben, denn sie sind durch die Geschichte geronnene Lebenserfahrung. Solche Bilder und Geschichten können (müssen aber nicht) Männern Orientierung und Visionen geben, sie können tief greifende Veränderungen bewirken, manchmal eine fast erleuchtende Wirkung auf uns haben. Kraftvolle Bilder können uns manchmal mehr als jede theoretische Überlegung begreifen und wissen lassen, was zu tun ist. „Mythische Geschichten geben unserer Seele Raum, die eigene Geschichte wieder zu finden und zu entdecken“, sagt Richard Rohr.
Berührend war ein Bogen, der sich von Richard Rohrs Parzival-Erzählung rückwärts spannte zu Albrecht Mahr. In seinem Vortrag

ging es viel um unsere männlichen Vorfahren als Täter oder Opfer im letzten Krieg und die daraus entstandenen Verstrickungen der Nachkommen. Weder die Identifizierung mit den Opfern noch die Teilhabe an der Schuld führt zu Lösungen, lässt die Toten endgültig zur Ruhe kommen. Das Motiv, dass die Jungen die Alten heilen können, wenn sie es in richtiger Haltung tun, tauchte auch im Vortrag von Richard Rohr auf: Anfortas, der schwer kranke Gralskönig, hat sich selbst versündigt und zurück blieb eine Wunde, die sich nicht schließen will. Bei der ersten Begegnung stellt Parzival die Mitleidsfrage, die den Gralskönig erlösen könnte, noch nicht. Als vom Leben gereifter junger Mann, als ein „durch Mitleid Wissender", wie es Wagner formulierte, gelingt es ihm dann, den kranken Gralskönig zu heilen, der daraufhin zur Ruhe kommt und endlich sterben kann.

Der englisch gehaltene Vortrag von *P. Richard Rohr* wird hier in der überarbeiteten Simultanübersetzung von Leo Maier im Duktus der gesprochenen Rede wiedergegeben. Als Beitrag zu seinem Workshop hat er einen Artikel zur Verfügung gestellt mit dem Titel *„Vom Jungen zum Mann"* (übersetzt von Edith u. Franziska Eller und M. Hofer), in dem er seine viel diskutierten Ideen zu männlichen Initiationsriten darstellt. In Zeiten rapider Veränderungen und in einer vom Materialismus getriebenen Welt wächst auch die Sehnsucht nach spirituellen Wurzeln. Viele Männer ringen mit Fragen der Identität, der Moral und der männlichen Stärke. Es sind Schwierigkeiten, die, wenn sie nicht auf gesunde Weise gelöst werden, tiefe Schäden bei den einzelnen Männern und bei allen um sie herum hervorrufen können. Richard Rohr, der schon seit vielen Jahren Männerwochen auf der ganzen Welt leitet, vermittelt in diesem Artikel seine Überlegungen, wie die Wiederentdeckung der Initiationsriten einen Prozess ermöglichen kann, der Jungen unserer Kultur hilft, zu spirituellen Männern heranzuwachsen. Seine bekannten fünf Botschaften der Initiation hat er in einem Anhang durch fünf positive Botschaften ergänzt, die in der Haltung einer christlichen Initiation vorangehen sollten.

Die Diskussion nach seinem Vortrag schloss Richard Rohr mit einer aktuellen Bemerkung ab, die auch noch einmal das Tagungsthema aufgreift: „Ich glaube, sehr viele von euch haben mitbekommen diese Auseinandersetzung in Amerika über den kubanischen Jungen Elian, der fünf Monate lang die ganzen Schlagzeilen und Kommentare beherrscht hat. Wie ihr wisst, ist die Mutter mit dem Kind geflohen von Kuba nach Amerika und während dieser Flucht tödlich verunglückt. Die ganzen politischen Lager schafften es, eine politische Kontroverse daraus zu drechseln. Aber stellt euch vor, diese Geschichte wäre umgekehrt verlaufen, dann wäre der ganze Medienrummel nicht passiert. Wenn der Vater gestorben wäre während der Flucht und die Mutter noch in Kuba, schon am nächsten Tag wäre der Sohn wieder nach Kuba geflogen worden. Beide hätten darauf bestanden, sowohl die Vereinigten Staaten als auch Kuba. Aber die Angst, die versteckte Annahme, auf beiden Seiten war, die Väter lieben ihre Söhne, die Kinder, nicht richtig. Väter sind nicht wirklich gute Väter. Diese ganze Kontroverse lebte von der Annahme, dass Männern keine liebevolle Verbindung aufbauen können und die einzig wirklich elterliche Liebe die zwischen Mutter und Kind sei. Diese Tragödie, und das ist sie nun wirklich, die sich da abgespielt hat, offenbart sozusagen die gegenwärtigen Strukturen. Es besteht ein unwahrscheinliches Misstrauen gegenüber der väterlichen Liebe bis hin zur Annahme, es würde sie gar nicht geben. Ich danke euch, dass ich so offen über diese ganzen Dinge zu euch sprechen durfte, denn ich glaube, dieses Thema Männlichkeit wird uns noch sehr beschäftigen und ist ein wichtiges Thema."

Tobias Bücklein

ÜberVäter – Die Sicht eines Kabarettisten

Aus dem Arbeitsausschuss „Substitution diskriminierender Begriffe“ Betr.: Substitution des Wortes „Papa“

Sehr geehrte Mitglieder der Gesellschaft für Deutsche Sprache,
Sehr verehrte Kolleginnen und Kollegen,
seit längerer Zeit schon fällt uns im Arbeitsausschuss „Substitution diskriminierender Begriffe“ eine Vokabel besonders unangenehm auf: Es handelt sich um das vermeintlich harmlose Wörtchen „Papa“, das im deutschen Sprachgebrauch bereits seit dem 17. Jh. völlig unreflektiert verwendet wird.
Nach unserer Überzeugung ist der Begriff „Papa“ keineswegs eine liebevolle, der Kindersprache abgelauschte Bezeichnung für Vater, sondern ein Unwort erster Güte, bis ins kleinste Phonem hinein *negativ* besetzt. Auf subtilste Weise werden alle so Bezeichneten der Diskriminierung ausgesetzt. Und neueste Forschungen gehen sogar davon aus, dass die Verwendung dieses Zweisilbers über Jahrhunderte hinweg die Beziehungen zwischen Vater und Kind blockiert hat.
Ein Blick auf den täglichen Sprachgebrauch macht bereits deutlich, dass die Silbe „Pa“ Ablehnung und Ekel suggeriert: „Ba!“, sagen die Eltern zu ihrem Kleinkind, wenn es mit den Händchen eine klebrige, eklige oder stinkende Materie berühren will. „Pah!“, sagt später der Erwachsene, um seine Verachtung und Ablehnung auszudrücken. Und allein der Plosivlaut „p“ entspricht ja bereits dem mundmotorischen Vorgang des Ausspuckens – „p!“.
Auch die Zusammensetzungen, die mit dem Bestandteil „Papa-“ gebildet werden, zeigen deutlich, welch negativierende Kraft in diesen beiden Silben steckt: Sowohl der „Papa-gallo“ als auch der „Papa-razzo“ sind mit eindeutig negativen Assoziationen verbunden. Der „Papa-gei“ gilt als Inbegriff eines dummen, alles nachplappern-

den Vogels. Und die abwertende Vokabel „Papa-lapapp“ muss ich ja wohl kaum erwähnen.
Betrachtet man die Worte, die sich nur in einem Vokal von „Papa“ unterscheiden, wird schließlich deutlich, in welcher Verwandtschaft sich der Familienvater befindet: „Pipi“ und „Popo“.
Nicht soziologische Veränderungsprozesse, sondern die schleichende Diskriminierung der Väter durch die Sprache sind also unserer Ansicht nach verantwortlich für die zunehmende Abwesenheit des Vaters in Familie und Erziehung, für das Fehlen von Vaterfiguren und Vorbildern, kurzum für den Zustand der heutigen Gesellschaft an sich.
Um mein Plädoyer zu untermauern, möchte ich Sie am Ende noch auf zwei Ergebnisse *internationaler* Forschungsarbeiten hinweisen: Hier wird ein Zusammenhang des Wortes „Papa“ zum englischen „bye-bye“ und zum österreichischen „baba“ nachgewiesen. Die Gleichsetzung der Bezeichnung für „Vater“ mit einer Abschiedsformel diskriminiert den Papa von vornherein als denjenigen, der sich verdrückt, nie zu Hause ist, seine Familie im Stich lässt usw. Die angloamerikanische Bezeichnung für „Papa“ geht sogar noch einen Schritt weiter: „Daddy“ oder „Dad“ – also „kleiner Tod“ bzw. „Tod!“ nennen hier ungestraft die Kinder ihren Vater!
Meine Damen und Herren, ich frage Sie – wollen wir amerikanische Verhältnisse, oder wollen wir der Entfremdung unserer Gesellschaft von den Vätern entgegenwirken und ein Zeichen setzen? Es kann nicht länger angehen, dass sich in der deutschen Sprache ein Schimpfwort im täglichen Sprachgebrauch einnistet und die Grundlagen unserer Familien und damit unserer Zukunft zerstört. Ich bitte Sie deshalb, unserem Antrag zuzustimmen und den Begriff „Papa“ in die Liste der diskriminierenden Vokabeln aufzunehmen. Der Ausschuß hat bereits seine Arbeit wieder aufgenommen und wird Ihnen in Kürze Vorschläge für einen geeigneten Substitutionsbegriff unterbreiten.

Aus dem Taschenrechner eines Kabarettisten

Die eigentlichen Verlierer der Bundestagswahl 1998 waren die Väter! Im aktuellen Parlament sind nämlich nur noch 370 von ihnen vertreten. Das ist zwar immer noch die absolute Mehrheit, aber es

sind glatte 39 Sitze weniger als bisher (ein Minus von 7,5 Prozent).
Auf Regierungsebene setzt sich dieser Trend noch drastischer fort: Dem rot-grünen Kabinett gehören nämlich 40 Prozent Kinderlose und gerade noch acht Väter an. Zum Vergleich: In Kohls Regierung saßen nur zwei kinderlose Regierungsmitglieder und immerhin 15 Väter.

Auch die durchschnittliche Kinderzahl pro Regierungsmitglied ist mit der letzten Wahl von 3 auf 1,2 Kinder gesunken. Kein Wunder, dass sich da der designierte Wirtschaftsminister Stollmann (5 Kinder) noch vor Amtsantritt zurückzog ...

Gerhard Schröder schließlich ist der erste Kanzler der Bundesrepublik Deutschland, der dieses Amt ohne (leibliche) Kinder angetreten hat. Seine sechs Vorgänger hatten zusammen 17 Kinder, also im Schnitt 2,8. Wenn Schröder wenigstens in dieser Hinsicht ein durchschnittlicher Kanzler werden will, muss er sich ganz schön anstrengen.

Andererseits zeigt die rot-grüne Regierung eindrucksvoll, wie man gleichzeitig mehr Geld versprechen und sparen kann: Trotz der Kindergelderhöhung auf DM 250,– im Monat sparen die Regierungsmitglieder dank ihrer geringen Kinderzahl im Vergleich zu ihren Vorgängern monatlich 4000 Mark Kindergeld ein. Dies bedeutet eine Realersparnis von beinahe 43 Prozent.

Günther Nenning

„Das Thema interessiert mich ..."

Ich hab weiß Gott in meinem Leben viele Vorträge gehalten und nicht alle Vorbereitung ist so dramatisch verlaufen wie die jetzt. Und ich komme immer wieder drauf: Vorträge und Referat und so ist eigentlich nichts! Was wirklich etwas bringt, ist das Gespräch, vor allem natürlich das Augengespräch. Im Fernsehen weiß ich nur, ob ich gut bin oder nicht, wenn der Kameramann lacht. Während wenn ich Leute vor mir habe, ist das natürlich viel besser. Denen kann man in die Augen schauen, und wenn welche böse schauen, kann man von dem oder der wegschauen und irgendwo anders hinschauen, wo wer lacht und so. Das heißt, ich bestehe darauf, dass dahinter ein Gespräch stattfindet. Heutzutage heißt jedes Gespräch schon Dialog, hängt den einen auch schon zum Hals heraus, aber es ist doch was Gutes, nicht? Also ich bin ja ein alter christlich-marxistischer Theologist und so, und wenn der Dialog verkümmert auf den Streit zwischen Progressiven und Konservativen in der Kirche, aber das hat sich auch schon aufgehört, ich glaube, dass ... ja, wir können wieder einen frischen Dialog beginnen.
Dann möchte ich noch sagen: Eine gute Hausfrau lässt nichts verkommen, sondern benützt alles. Ich habe daheim eine Wand, da sind lauter Themenmappen, und unter „M" wie Männer habe ich etwas gefunden. Und zwar habe ich mir gedacht: Gut, du warst vor einigen Jahren auch schon gut. Das ist aus der Züricher „Weltwoche", aus dem Jahre 1997 und heißt – das passt doch aber haarscharf, da habe ich gerade etwas gelesen vom Mannsbild. Na bitte, was steht da?: „Das gestürzte Mannsbild – Ende der Samentierchen, Anfang der Freundlichkeit".
Das ist das eine. Dann habe ich mir aber auch gedacht: Du musst ja doch auch etwas Aktuelles machen. Und da war ich schon wieder bei meinem Hausfrauentick. Ich mache nichts, was ich nicht sonst auch irgendwo unterbringen kann. Und da habe ich, weil ich doch in der „Krone" schreibe, eine Kronen-Kolumne geschrieben jetzt im Zug von Wien nach hier. Ich meine dahinter schreiben kann bald wer, aber davor schreiben, bevor das Ereignis stattgefunden

hat, das hat einen gewissen Reiz. Jetzt habe ich mir gedacht: Die Reihenfolge wäre das Richtige: Erst lese ich die Kronen-Kolumne, dann den Artikel aus der „Weltwoche“ und dahinter reden wir.
Also die Kronen-Kolumne ist ja kurz, denn ich habe immer nur 70 Zeilen. Immer wenn ich anfange zu schreiben, denke ich mir: „70 Zeilen, da kann man weiß Gott was unterbringen, jetzt fangen wir einmal an.“ Und wenn ich bei der 60. Zeile bin, komme ich dann drauf: Das, was ich eigentlich schreiben wollte, habe ich noch gar nicht geschrieben. Das ist aber heilsam insofern, denn alles was gut ist und was aus dem Herzen kommt und was insofern wichtig ist, kann man in 10 Zeilen dann sagen. Da gibt es ja auch den Rabbi Nachman von Bratzlaw, der sagt: „Alles, was du nicht sagen kannst, während du auf dem linken Fuß stehst, ist gelogen.“ Es gibt natürlich Leute, die relativ lang am linken Fuß stehen können, aber ich bin schon ein bisschen wackelig. Ich kann also nur ganz kurz auf dem linken Fuß stehen, und das ist ein wunderbarer Grundsatz. In einer Welt, in der viel Gescheites gesagt wird, aber auch unendlich viel Geschwätz rund um die Uhr stattfindet, ist der Zwang und Drang zur Kürze etwas Nützliches, behaupte ich. Auch schon deswegen, weil dann etwas übrig bleibt, was man mit den Leuten besprechen kann und nicht gleich ein ganzes philosophisches oder theologisches Gebilde ist. Die Theologen sind ja die Ärgsten. Was und wie lange die können, und am Schluss fragt man sich: „Was hat er gemeint?“ Also ich, wie gesagt, ich bin für die Kürze.

Ja, also das fängt an: Krone-Chefredaktion, gefaxt am 3. 6. 00:

Wir armen Männer

Wir Männer werden ins Eck gedrängt. Da sind wir uns doch einig. Das gehört einmal gesagt. Die Frauenbewegung war so erfolgreich, dass es sie jetzt gar nicht mehr gibt. Sie hat so viel Terrain erobert, dass sie jetzt in Auflösung begriffen ist, vor lauter Erfolg. Frauenbewegung gibt's nicht mehr, Männerbewegung hat's nie so richtig gegeben.
Also ihr müsst etwas tun – 2. Österreichische Männertagung ...
Wir Männer sind echt arme Schweine. Wir haben kein richtiges Bild vom Mann. Wir stürzen uns in den Leistungskampf und Leis-

tungskrampf. Im Berufsleben boxen wir unsere Konkurrenten nieder, und wenn wir alle niedergeboxt haben, steht vor uns schon wieder eine ganze Schlange von noch Tüchtigeren. Und so boxen wir uns halt weiter vor – bis zum Herzinfarkt. Irre sportlich sind wir natürlich auch. Wir rasen Auto, fahren Extremski, klettern Eiswasserfall oder hupfen wenigstens am Gummibandl von der Brucken.
Das gehört auch dazu … in meinen Krone-Kolumnen muss es volkstümlich zugehen, 2,8 Millionen Leute – wenn schon, denn schon.
… oder hupfen wenigstens am Gummibandl von der Brucken. Oder wir builden body und fressen Anabolika, und je mehr Muskeln wir kriegen, desto kränker werden wir. Ist uns noch zu helfen, uns Männern?
Jetzt kommt schon mein Bericht von der Tagung:
Ausgerechnet von mir wollte dies die „2. Österreichische Männertagung" wissen im katholischen Haus der Begegnung zu Innsbruck. Da fuhr ich halt hin und sagte: „Liebe Mitmänner, ich weiß es auch nicht so genau!" Weil das aber ein bisschen wenig ist für einen ganzen Vortrag, musste ich mir zusätzliche Gedanken machen. Zufällig, aber nichts ist Zufall, war mein Vortrag am Tage Christi Himmelfahrt. Da dachte ich mir: „Wenn unten in den Niederungen des Zeitgeistes nichts zu holen ist für die Rettung deiner Männlichkeit, greif doch gleich in die Höhe des Christentums, noch dazu in einem katholischen Haus der Begegnung."
Mir fällt auf, dass nicht nur der Mann Jesus in den Himmel auffährt, sondern ebenso die Frau und Mutter Maria. In wunderbaren alten Bildern sieht man Maria, wie sie von Jesus im Schoß gehalten wird und emporgetragen wird von ihm in den Himmel.
Also ein bissl höher ist er doch als die Maria, aber immerhin, das ist ja allerhand.
Gemeinsam – Mann und Frau – gelangen sie in den Himmel. Ich halte das für eine besondere Schönheit des katholischen Glaubens, diese letzte und höchste Gleichberechtigung von Mann und Frau. Theologen und auch Atheisten, in schöner Gemeinsamkeit, könnten herummäkeln an der Einfalt meiner Vorstellung. Aber wenn die Zeiten so kompliziert sind, da hilft nur noch der Aufschwung in die Einfachheit. Wer Hilfe will, muss drüberspringen über die Zeit, über Politik, Gesellschaft, Wissenschaft, und landen muss er genau dort, wo die alle nicht hinfinden. Frauenbewegung, Männerbewegung – schön und wichtig.

Jetzt bin ich draufgekommen, ich habe nur mehr ein paar Zeilen. Jetzt bin ich bei Zeile 55.
Frauenbewegung, Männerbewegung – schön und wichtig. Aber wir brauchen, meine ich, wenn ich nun einmal gefragt werde, freiwillig sage ich eh nichts:
Ist ein bisschen kokett, aber doch irgendwie ... ich bin ja wirklich nicht ganz von selbst hergekommen, das haben Sie ja gehört.
Wir brauchen den Mut zum Drüberhinaus. Wir brauchen jene Wichtigkeit, die sich freimacht, emanzipiert,
aber in der Krone ist besser „freimacht", nicht?
die sich emanzipiert von den Wichtigkeiten dieser Zeit. Wir Männer müssen den Mut haben, Väter zu sein. Es gibt keine wichtigere männlichere Aufgabe als Vater zu sein – seiner Kinder und aller Kinder. Es gibt keine wichtigere männliche Aufgabe als Sohn zu sein – seiner Mutter und seines Vaters, aller Mütter und aller Väter. Es gibt keine größere Männlichkeit als Vater zu sein und Sohn. Indem ich dies so hinschreibe, kribbelt es mir übers Rückgrat. Bin ich ein guter Vater? Bin ich ein guter Sohn? Und was ist mit der Frau? Im hebräischen Urtext der Bibel steht nicht, wie Luther übersetzt: „Er schuf sie einen Mann und eine Frau", es steht: „Er schuf sie männlich und weiblich." Das ist die Aufhebung der Trennung. Liebe Mitmänner, wir müssen außer männlich auch weiblich sein!
Punkt. 75 Zeilen. Mehr Zeilen hab ich nicht. Jetzt „Das gestürzte Mannbild" und dann die Diskussion.

Das gestürzte Mannsbild
Das Ende der Samentierchen, Anfang der Freundlichkeit

1. Der Startschuss

Ein Schuss kracht durch Beethovens Sterbezimmer in Wien, Schwarzspanierstraße. Es ist der 4. Oktober 1903. Ein junges Genie, Otto Weininger, 23, hatte sich in Beethovens Sterbezimmer eingeschlichen zu dem Zweck, sich hier zu erschießen, knapp nach dem Erscheinen und dem sofortigen phänomenalen Erfolg seines Werkes „Geschlecht und Charakter". Der Mann, der seinem Leben ein Ende setzte, war der letzte Mann, ein absurder Macho. Auf 600 Seiten feierte er das Prinzip M als das einzig Edle, einzig Schöpferi-

sche und denunzierte das Prinzip W als das Böse, Triebhafte, Amoralische, Minderwertige (zu W rechnete Weininger gleich auch noch alles Jüdische, selber Jude, voll jüdischem Selbsthass). Weininger meinte Mann und Weib als absolute platonische Idee. Für die Realität schuf er hingegen eine überaus praktische Theorie von hoher wissenschaftlicher Fruchtbarkeit. Kein Mann ist gänzlich M, keine Frau gänzlich W, sondern alle sind gemischt in bunten Prozentsätzen. Weiningers wahnsinnige Verklärung des totalen Mannes war zugleich die Herabsetzung des realen Mannes, denn den fand er eben nur mit Beimischung von W. Seine Skala dehnte sich bis bisexuell = 50% M : 50% W, und weiter bis homosexuell = mehr W als M. Spiegelgleich fand er die Frau nur mit Beimischung von M; bis hin zu lesbisch = mehr M als W.
Weiningers Theorie ist außer genial auch unernst, melancholisch verspielt, passend zum Wien der Jahrhundertwende, wo gerade in einer Explosion von Phantasie die Anfänge der Moderne geboren wurden, aus vielerlei Enden. Ende der Philosophie: Wittgenstein; der Architektur: Loos; der Malerei: Kokoschka; der Literatur: Musil; der Heuchelei: Karl Kraus; der Moral: Freud. Das nahende Ende der k.u.k. Monarchie produzierte Anfänge in unglaublicher Zahl. Heute haben wir sexuelle Vielfalt, in welcher, wer normal ist, sich entschuldigen muss, dass er so abnormal ist, normal zu sein – ein fesselndes Zauberreich der Schwulis, Lesbis, schwulen Lesbis, lesbischen Schwulis, nichtschwulen Transis und nichtlesbischen Trans-Transis. Und genau für diese Multisexualkultur lieferte der sexuell gar nicht praktizierende Fin-de-Siècle-Jüngling Weininger ein Ordnungsprinzip, das uns desto rat- und hilfloser lässt. „Zwischen Mann und Weib herrscht gottgewollte Verständnislosigkeit", definierte heimtückisch Heimito von Doderer.

2. Das rote Kleid

Doch unverzagt immer rein und drauf. Mein Ende als Mann kam jüngsthin und unvermittelt durch ein wunderschönes rotes Seidenkleid. Ich trage es samt Perlenkette, schulterlangem Blondhaar, großem Strohhut mit Obst und Gemüse. Das W-Gefühl ist wundervoll. Umwerfend das Bekenntnis zu meinen eigenen, das Seidenkleid schier sprengenden Brüsten. Exakt wie mir geht es den anderen Mitspielern, die in einer von Alexander Waechter total verschrägten Wiener Neuinszenierung von Benatzkys unsterblicher

Altoperette „Im Weißen Rössl“: endlich W statt M sein zu dürfen. Woher unser Glück? Sind wir pervers? Nein, im Gegenteil: Pervers ist, wenn Männer immer nur Männer sind, während längst schon Frauen nicht nur Frauen sind, sondern Generaldirektoren, Ministerpräsidenten und sonstiges Figurenwerk der Emanzipation. Nicht dass so viel Emanzipation schon genug Emanzipation wäre. Das wahre Ziel des Feminismus ist nicht, dass die Frauen endlich werden dürfen, was die kaputten Männer schon lange sind. Sondern die Frauwerdung der Frau: aus dem Dunkel der Unterdrückung soll aufblühen die wahre, die vollendete, die unbekannte inskünftige Frau. Das Endprodukt des Feminismus sei die Femina, die des Feminismus nicht mehr bedarf.

Verglichen mit dieser möglichen Weitertreibung des Feminismus, ist am Maskulinismus alles noch unmöglich. Nicht nur gibt es den Maskulinismus noch gar nicht, sondern schon ist mir sein Endziel zweifelhaft. Wie soll aus der Düsternis immer noch ziemlich ungebrochener Männerherrschaft die Lichtgestalt werden des wahren, vollendeten, unbekannten Mannes?

Wenn ich in meinem roten Seidenkleid auf den Auftritt warte, sinniere ich: Hat der Mann mehr männliche Zukunft als ein bisschen Transvestitenglück, oder alternativ Hausmann-Sein und Fläschchen-Geben? Vielleicht hat Weininger Recht, aber, weil er ja wahnsinnig war, genau andersherum: W wertvoll, erhaben, unerreichbar, M mickrig auf ewig? Und meine blond gelockte Perücke kitzelt sinnlich die unbestimmt denkende Stirn und flüstert: Dieses bisschen M-Glück, ein bisschen W zu sein, das ist es. Mehr ist nicht drin.

Der wahre Feminismus ist die Apotheose der Frau, der wahre Maskulinismus das Ende des Mannes. Die Frau emanzipiert sich empor, der Mann emanzipiert sich weg. Beides probiert, kein Vergleich.

3. „Le sperme, c'est moi“

Ja, der Mann ist zu Ende. An seinem Kadaver schnüffeln schon die TV-Hyänen. Es wird geroundtabelt und getalkshowt, und allen ist klar: Der Kadaver der verlorenen Identität des Mannes stinkt zum Himmel. Ja, ja, es gibt den „neuen Macho“. Aber er ist nur eine Karikatur des alten, echten, verstorbenen. Der neue Cyber-Macho schwitzt in der Kraftkammer; der Bodybuilder frisst so lange Metandienon, Boldenon, Stanozolol, Clenbuterol. Ephedrinhydrochlorid, bis er verreckt.

Ja, ja, es gab den „Neuen Mann", den Softie mit Hängeglied als Antwort auf die Unterwerfung unter die Frauenbewegung. Aber er brachte es nicht einmal bis zur Karikatur. Längst gleichen die Gegenbilder Macho und Softie einander darin, dass sie nicht mehr können. Klärchen in Goethes „Egmont", nähme sich wer die Mühe den alten Schinken aufzupeppen, müsste sinngemäß seufzen: „Welch ein Glück sondergleichen, kein Mannsbild zu sein." Einst war jeder Mann ein Macho, komisch, aber irgendwie liebenswert. Jetzt ist er gar nichts. Einst war jeder Mann ein Softie, sehnsüchtig nach Zärtlichkeit. Jetzt sitzt er vorm Computer und lässt sich seine spärlichen Spermien verstrahlen bis zur totalen Bewegungslosigkeit. „Le sperme, c' est moi" – die letzte Generaldefinition des Mannes wird unbrauchbar. Gebumst wird nicht mehr im Bett, sondern im Labor. Der Koitus im Labor ist die einzig korrekte Form von Sex am Arbeitsplatz. Frauen in keusch-geiler aseptischer Bekleidung, mit verheißungsvollen Haremsaugen über dem Mundschutz, zu ahnender Haarfülle unter sterilen Häubchen. Kundig bringen sie zarte Pipetten zur Erektion und penetrieren damit Glasschälchen. Irgendwann lag die zu begattende Mutti auf dem Bett mit altmodisch gespreizten Beinen, zwecks Ei-Entnahme. Irgendwann wurde einem Mann Sperma abgewichst, nicht unappetitlich von Hand, sondern ethisch elektronisch. Wer ist der Prinz? Ein anonymer Onanist, streng datengeschützt. Hoch lebe die Prüderie. Die ganze Schweinerei überlassen wir am besten der Wissenschaft. Von der Sinnlichkeit zur Sexualität zum Sex zum Nix.

4. Die neueste Impotenz

Noch hat der Mann die Talsohle seiner Entwürdigung nicht ganz erreicht. Zu seiner Unnötigkeit im Bett kommt noch seine Unnötigkeit in der Ökonomie. Erst dann ist ihm, wie der Wiener sagt, „das Wilde abgeräumt": seine Identität beseitigt.

Ein energischer Endvierziger, in gehobener Position, sagte mir neulich: „Ich bin so gut, ich flieg nie heraus, dachte ich mir. Ich bin auch nicht geflogen, sondern man hat in der Firma das ganze mittlere Management wegrationalisiert. Also bin auch ich weg. Die Verabschiedung nach 20 Jahren Stress hat 2 Minuten gedauert. Und weißt du, was komisch ist", rückt er zutraulich heraus, „du weißt, ich hab's doch immer so gern getrieben. Jetzt steht er mir nimmer." Der schöne Vogel Phallus fliegt nicht mehr. Er hat seinen Job verloren.

5. Schwarzgoldene Augen

Den Tod des Mannes haben die Frauen vorausgesehen, als Bursch noch voll Saft schien – nicht nur grobgestiefelte Feministinnen, die sich gar keinen Nachfolger wünschten für den Verstorbenen, sondern auch zarte Verzweifelte wie Ingeborg Bachmann: Sie ging an Männern zugrunde und wurde doch keine Feministin, sondern Hofferin auf den nächsten Mann, den wieder und wirklich starken. Rührend steht in ihrem letzten größeren Text, „Drei Wege zum See", veröffentlicht 1972, im Jahr vor ihrem Tod (War's Selbstmord?): „Wenn sie in fast dreißig Jahren keinen Mann getroffen hätte, einfach keinen, der von einer ausschließlichen Bedeutung für sie war, jemand, der stark war und ihr das Mysterium brachte, auf das sie gewartet hatte, keinen, der wirklich ein Mann war und nicht ein Sonderling, Verlorener, ein Schwächling oder einer dieser Hilfsbedürftigen, von denen die Welt voll war, dann gab es den Mann eben nicht, und solange es diesen Neuen Mann nicht gab, konnte man nur freundlich sein und gut zueinander, eine Weile."

Welch ein altmodischer Ausweg. Aber einer Hoffnung bedürfen M und W so dringlich, dass es ihnen vielleicht egal ist, wenn sie altmodisch ist. M soll wieder kommen, stark und das Mysterium bringend, wirklich ein Mann und kein Schwächling. Oh Gott, das hatten wir doch schon und ging schief, liebe Frau Bachmann. Solange es also den Neuen Mann nicht gibt, folglich auch nicht die Neue Frau, die sein Gegenstück ist, schlägt die Dichterin vor, sehr bescheiden: „Es sollen die Frauen und Männer am besten Abstand halten, nichts zu tun haben miteinander, bis beide herausgefunden hatten aus einer Verwirrung und Verstörung, Unstimmigkeit aller Beziehungen."

Das kann doch bitte nicht alles sein. Nein, es kommt anderes („Malina", 1971): „Ein Tag wird kommen, an dem die Menschen schwarzgoldene Augen haben, sie werden die Schönheit sehen, sie werden vom Schmutz befreit sein und von jeder Last, sie werden sich in die Lüfte heben ... Es werden alle Menschen frei sein, auch von der Freiheit, die sie gemeint haben ..."

6. Freiheit von der Freiheit

Da liegt es nun, das standfeste Mannsbild – in Trümmern. Seine Zerschlagung fand auf einem Schlachtfeld statt, auf einem Schlachtfest, das uns die allgemeine Befreiung brachte von tyrannischen Standbildern sonder Zahl. Befreit sind wir von den Fesseln der Sexualmoral, von Ehe- und Familienhörigkeit und von bedrückend enger Anbindung an Heimaten, Vaterländer, Nationen, Nationalismen, Religionen. Ein grandioser Befreiungsprozess – um den Preis verstärkter Abhängigkeiten von: Konsumidiotie; Wohlstand durch Umweltzerstörung; Wirtschaft, die Millionen auf die Straße setzt und Abermillionen in Armut stürzt. Aber historische Prozesse haben das so an sich, dass sie hohe Preise fordern. Geschichte arbeitet mit dem Prinzip des Pendelschlags. Auf allgemeine Befreiung von allerhand Tyrannei folgt allgemeine Sehnsucht nach allerhand Bindung.

„Frei sein von der Freiheit“: Ingeborg Bachmann hat da was gespürt, ein paar Jahrzehnte zu früh, dazu sind Dichter ja da. Nachdem wir unsere Sexualität befreit haben, haben wir nun die Sehnsucht, uns von der sexuellen Befreiung zu befreien. Nähe, Wärme, Zusammensein sind sinnliche Gefühle, umfassender als die ewige Bumserei. „Freundlich sein und gut zueinander, eine Weile.“ Sollten aus dem Grunde solcher Sehnsucht Neue Männer und Neue Frauen wachsen, mit schwarzgoldenen Augen, und sich in die Lüfte heben?

Reminiszenzen aus der Diskussion

So, aber jetzt reden wir. [Nachdem auf die Aufforderung des Moderators nicht gleich eine Wortmeldung kommt:] Wir machen Gruppendynamik, d. h. Sie reden nichts, ich rede nichts, und dann irgendwann hält es einer nicht aus oder eine und es geht los. Schauen wir mal, manchmal dauert es fünf Minuten, aber das halten wir aus. Wie Männer weiblich sein können? Also bei mir geht das sehr gut, ich stille, ich wechsle Windeln und das ist ganz wunderbar. Dagegen ist das reine Männerdasein ein Mangeldasein. Außerdem, wenn man etwas wirklich Neues will: Wieso kann man oder wieso soll man wissen, wie es geht? Ein wirklich schönes, weit voraus geworfenes Ziel – das weiß man eben nicht. Darüber dürfen die Kroneleser ruhig auch einmal nachdenken.

Mir gefällt dieses männlich und weiblich sein. Ich bin wirklich ein Anhänger des Weininger, der das zwar nicht direkt entdeckt hat, schon bei Platon gibt es diese Vorstellung, dass jeder Mensch Mann

und Frau ist, aber er hat es für die Moderne und unser Leben neu entdeckt. Ich war irgendwie sehr verblüfft und angetan, als ich – je älter ich werde, umso mehr frömmele ich, das ist ja ganz natürlich – in der Interlinearversion des Alten Testaments das gefunden habe: „Er schuf sie männlich und weiblich." Ist doch unglaublich, das ist 4000 Jahre alt! Und das ist der Weininger. Die Zwischenformen sind ja, wenn sie kulturhistorisch und religionshistorisch legitimiert sind, mitten unter uns. Der Pfarrer trägt doch Frauenröcke!, zurückgehend auf babylonische und chaldäische usw. Kulturvorbilder.
Das mit den Kindern ist schön und man soll es sich geben, aber der ganze Mann ist es auch nicht. Wir müssen uns auch dorthin trauen, wo man sich am wenigsten hin traut. Was ist denn, wenn einer einen Stahlhelm auf hat, ein Maschinengewehr in der Hand und er macht zusammen mit anderen Frieden im Kosovo. Er schießt wie wild herum und alle feiern ihn in Reden. Gehört das nicht zum Mann? Kann ich es ausschließen? Mannsein definieren: vom Kinderpopoputzen bis dorthin? Oder müssen wir nicht dahin kommen, dass wir das alles umschließen, die Doppeldeutigkeiten einmal ernst nehmen? Alles, was wichtig ist, ist doppeldeutig und insofern unerklärlich. Alles, was man erklären kann, ist es nicht wert, dass man es weiß. Die Schule des Lebens ist anders herum. Du wirst immer verwirrter und kannst trotzdem aber gerade im Aushalten und in der Freude an der Vielfalt richtig menschlich sein. Das ist die richtige Schule, das sich Hineinlassen ins Doppeldeutige, weil die Welt, weil die Schöpfung doppeldeutig und unbegreiflich ist. Sonst bräuchten wir Gott gar nicht, wenn wir es verstehen würden, was da vor sich geht.

Gleichstellung – keine Gleichheit

Die Gleichstellung von Mann und Frau ist vielleicht keine Gleichheit. Es ist die Gleichstellung von sehr Verschiedenem, als etwas zwischen Mann und Frau manchmal total Verschiedenem. Die Anziehung von Mann und Frau beruht doch auf dieser Verschiedenheit – und der Zeitgeist? Ich behaupte, in der Liebe denkst du gar nicht dran an den Zeitgeist, sondern machst das, was Mann und Frau miteinander immer gemacht haben mit Leib und Seele. Es ist natürlich auch notwendig, dass man diesen blöden Zeitgeist auch einmal wegkriegt. Es ist klar, eine Bewegung, die sich durchsetzt, muss einseitig sein, sonst setzt sie sich nicht durch. Ich kann mich noch erinnern an eine verflossene Freundin, die ist blitzschnell sehr feministisch geworden. Da hat sie mir erzählt, wir sind beide große Wanderer gewesen im Wienerwald, was sie da alles macht in der Frauenbewegung, wie wunderbar das ist und unnötig die Männer sind und dann hat sie gesagt: „Hast ein Taschentuch?", und da habe ich gewusst, sie ist nicht verloren. Aber noch einmal: Zu einer Bewegung muss man ja sagen samt ihren Einseitigkeiten. Wenn ich sage „Ich bin für die Frauenbewegung", soll ich nicht gleich darauf sagen „aber", sondern soll sagen „Wunderbar, was ihr da macht, macht es nur." Vielleicht denke ich mir dabei in Klammer „Ihr werdet schon sehen …", das kann schon sein, aber es muss doch ein Maß an Ehrlichkeit drinnen sein: „Das ist etwas Neues und das ist gut und das soll sich einmal so weit wie möglich durchsetzen." Der Feminismus ist ja nicht so ins Eck geraten, weil er zu ehrgeizig war. Ich behaupte im Gegenteil, er ist ins Eck geraten, weil er zu wenig ehrgeizig ist. Diese Vermutung, wenn die Frauen alles machen und alles werden, was die kaputten Männer sind … – das ist zu bescheiden, das ist zu wenig, das führt nicht bis hin zum wirklichen Frausein.

Im meinem Leben als Mann hat mich schon sehr viel verändert. Ich war eigentlich ein ganz schöner Macho. Das geht ja so gut zusammen: Macho und Sozialismus. Da denkst du dann ganz fälschlich: Wenn du eh ein Sozialist bist, musst du nicht noch auf die Frau besonders Rücksicht nehmen oder so. Das war eine tiefe Deformation, die ich losgeworden bin, eigentlich auf reaktionäre Weise durch die Rückkehr von der Vielpuderei zur Monogamie. Ich lebe seit fünfzehn Jahren mit einer wunderbaren Frau zusammen und hab nicht die geringste Sehnsucht danach, dass ich es wieder mit allen Möglichen treibe. Man kann sagen, na gut, bist ja schon ein alter Herr und so, das ist sicher auch nicht falsch, aber ich habe das Gefühl, es ist ein Prozess, den ich nicht missen möchte.

Man kann all die Dinge nie so genau wissen, man muss durch verschiedene Dinge einfach durch. Man kann sie nicht erkennen, wenn du nur draußen stehst und die Nase oben hast und hochnäsig sagst, das brauche ich alles nicht. Wahrscheinlich muss man durch alle möglichen Irrtümer und Schrecklichkeiten durch, mit Schuld beladen usw. Es gibt keine gescheitere Theorie als die Erbsünde. Sie ist die einzige Erklärung für die menschliche Niedertracht. Wenn du sagst, der Mensch ist in der falschen Gesellschaft, ist er aber in der richtigen Gesellschaft, so wird er nichts als gut sein, so ist das mindeste, was du einwenden kannst: Das ist zumindest noch nie passiert. Es deutet also vieles darauf hin, dass dem nicht so ist. Ich bin immer sehr für die einfachen Erklärungen. Wenn der Mensch außer gut auch böse ist, belastet mit der Erbsünde, so erklärt sich die Weltgeschichte fast von selber, diese ganze ungeheure Niedertracht im Menschen. Die Bewegungen, die ihre großartige Sittlichkeit in sich haben wie z. B. der Kommunismus, wo sind die hingeraten? Die haben, damit alle Leute gut sind, millionenweise die Leute umgebracht. Es steckt auch so viel Realismus in der Erbsündenlehre, wenn sie sagt, der Mensch ist außer gut auch böse. [Auf den Einwand, dass das aber nicht auch schon für ein neugeborenes Kind gelten könne:] Der Augustinus, um die Erbsünde in vollem Umfang zu retten, war der Meinung, auch die Kinder sind böse, die haben nur nicht die Mittel und die Fähigkeit, sich auszudrücken als böse. Und so blöd ist das gar nicht, wie es im ersten Augenblick klingt. Wenn man Kinder kennt – diese notwendige völlige Rücksichtslosigkeit, dieser notwendige völlige Egoismus. Da ist schon wieder die einfachste und vernünftigste Erklärung die Erbsünde.

Distanz zwischen Mann und Frau

Die Distanz zwischen Mann und Frau ist sicher ein ganz wichtiger Begriff. Wenn man sich vornimmt, ununterbrochen zusammenzupicken, so geht das schief. Die Frau hält das vielleicht aus, aber der Mann hält das bestimmt nicht aus. Die Distanz ist nur eine Kehrseite der Liebe. Die Annahme, dass Liebe heißt ununterbrochenes Einssein, an das glaube ich nicht, das ist auch in der Religion nicht grundgelegt. Wenn Gott Gott der Liebe ist, heißt das nicht, dass wir distanzlos sind oder sein sollen. Da gibt es ein Dazwischen.

Man hört das ja so gern, dass der Vater notwendig ist, und das hat auch sehr, sehr viel für sich, aber ich glaube, Vater wie Mutter wären in einer ganz unmöglichen Situation, wenn sie von sich aus dem Kind was geben müssten. Es gibt ja die Theorie in der Aufklärung, der Mensch ist zunächst eine tabula rasa, eine Tafel, auf der gar nichts draufsteht, und wir die Gescheiten, die Aufgeklärten schreiben da jetzt etwas hinein. Das ist eine hoffnungslose Sache. Die ganze Erzieherei geht ja nur, weil das Kind so gut ausgerüstet ist, weil in dem Kind eigentlich alles drinsteckt, das man nur entwickeln, herauswickeln muss. Wenn wir das selber machen müssten, das wäre ja eine Katastrophe, das ginge ja nicht. Deswegen soll man ja auch ein wenig kritisch sein gegenüber dem Ausdruck „Erziehung“. Bei mir, wenn ich „Erziehung“ höre, schwingt da immer so etwas Brutales mit, so wie man das Spalierobst so lang zieht, bis es dort ist, wo man es haben will. Wenn das Kind nicht in sich ausgerüstet wäre, wenn es nicht das Bild in sich hätte, nach dem es wachsen kann und soll, wäre es aussichtslos. Es ist eigentlich nur eine dienende Aufgabe der Eltern, dass sie das zulassen, dass sie das entwickeln, und das ist es auch schon.

Männerinitiation

[Angesprochen auf das Thema Männerinitiation:] Also ich hab da keine Antigefühle, ich geh überallhin, wo ich eingeladen werde. Wenn es der CV (Studentenverbindung) ist oder eine schlagende Burschenschaft, mir ist das egal in diesem Urvertrauen, es sind ja Menschen und mit Menschen kann man meistens irgendwie reden. Da fällt mir schon auf, dass da was drinsteckt, beim CV z. B. die Lebensfreundschaft, die Männer einander geben – das ist nicht blöd. Wenn ich mir anschaue, dass es die sozialistischen Äquivalente nicht mehr gibt, so ist offenbar etwas dran. Es ist eine Art Ritual. Rituale haben immer auch Lächerlichkeiten wie bunte Bänder, oder was weiß ich. Da soll man sich schon trauen zu sagen, die „Standard“-Philosophie gehöre einfach weg, das sei alles Blödsinn, das brauchen wir alle nicht, es genügt, wenn wir gegen den Haider sind. Da bin ich ein bisschen zweifelhaft. Ich glaube, alles, was sich in der Geschichte vollzieht, soll man sich genau anschauen, und die Geschichte, die Völkerkunde, die Ethnologie ist voll von Ritualen. Und da sind immer auch Rituale dabei, wo Männer mit Männern sind. Wenn man so drüberfahren könnte, dass man sagt, was brauchen wir den alten Käse, schaut her, wie gut wir sind, wo wir schon hingekommen sind und wie positiv alles ist, was wir machen, ließe ich es mir noch einreden. Aber wir sind eigentlich auf der Suche, weil wir im Eck sind, und was wir „komplex“ nennen, heißt eigentlich nur, es ist ein gewaltiges Durcheinander und der Mensch kommt ohne Ordnung und Halt doch nicht durch. Das Durcheinander, ich bin immer noch so ein Halbmarxist, hat natürlich einen Sinn, denn wenn du ganz durcheinander bist, was machst du dann? Du gehst in den Supermarkt einkaufen oder kaufst dir neue Schuhe oder ein neues Gewand oder so und schon bist ein bisschen und eine Zeit lang glücklich. Wenn du ein Ordnungsprinzip hast und sagst, was brauche ich das alles, ist das ganz schlecht für die Wirtschaft. Ich habe noch vergessen, ich bin so ein Marienverehrer, wenn ich das noch einfügen darf. Die Männer sind eigentlich die Marienverehrer, die Frauen auch, sicher, aber es ist ja unglaublich in der Geschichte der Orden, was sich da abspielt, das ist ja schwülste Erotik, die aber eben zum Grund eine Sehnsucht hat. Der Bernhard von Clairvaux, der Böse mit den Kreuzzügen und so, der hat Gesichte gehabt, dass die Engel der Maria auf die nackte Brust greifen und es spritzt Milch ihm in den Mund. Da kann man drüber lachen und sagen, eh schon wissen, Freud für Arme, aber der Mensch hat nun einmal, und das ist ernst zu nehmen, keine anderen Bilder als erotisch-sexuelle Bilder, wenn's ums Letzte geht; und insofern bin ich für die Marienverehrung. Wenn der liebe Gott mir noch Zeit gibt, nur kommt momentan immer wieder etwas dazwischen, möchte ich noch ein Buch schreiben mit dem Titel „Maria. Eine sexuelle Theologie"; wir werden sehen. Zudem ist es doch ungeheuer, was die Katholiken da in ihrer Geschichte haben: den märchenhaften Aufstieg einer Frau. Die Maria kommt nur ganz ein bisschen vor in der Bibel, nicht wichtig, und Paulus kennt sie überhaupt nicht. Und dann diese Karriere! Das muss doch auch was für sich haben, denn der Herr der Geschichte ist Gott, also kann ich nicht annehmen, dass es Teufelswerk ist, dass die Maria auf einmal die Quotenfrau in der Vierfaltigkeit ist sozusagen. Das zeigt etwas, glaube ich.

Familie

Von der Familie wird heute viel zu leichtfertig geredet oder sie wird auch zu leichtfertig abgelehnt. Die Familie ist etwas viel Größeres und letztlich steckt in dem Spruch von der Menschheit als Familie schon irgendetwas drinnen. Die Familie sind nicht einfach die biologisch Verwandten, die eisern zusammenhalten und alles andere interessiert sie nicht. Der Begriff der Familie im römischen Recht und in der römischen Soziologie und übrigens auch im Kirchenrecht und in der kirchlichen Soziologie besteht hauptsächlich aus Nicht-Verwandten. Auch jede bäuerliche Familie bestand hauptsächlich mehrheitlich aus Nicht-Verwandten. Es gibt ja heute noch die familia des Papstes, der ja doch am ungeeignetsten auf den ersten Blick erscheint, eine Familie zu haben, die reicht von den

Hellebardieren der Schweizergarde über die Chauffeure des Papamobils usw. bis hinauf zu den Bischöfen und Kardinälen und davon ist keiner biologisch verwandt, wenigstens theoretisch nicht [Gelächter], na ja, aber das sind doch auch die Menschlichkeiten, die für mich eigentlich anziehend sind. Natürlich hat es einen Haufen Päpste gegeben mit Kindern, das waren dann halt die Neffen. Das holt mich eigentlich nicht runter davon, dass das ehrwürdige, wichtige Begriffe sind. Ich habe keine anderen – unangepatzte Begriffe habe ich nicht. Ich muss daher im Umfassenden, in dem was gut und böse ist, mit den Dingen der Geschichte umgehen lernen; nicht so wie ein etruskischer Leberbeschauer, der die Leber hernimmt und sagt, das Stückchen will ich nicht, das werfe ich weg, aber das ist recht gut, das gefällt mir. Die Geschichte sowohl eines Volkes wie der ganzen Menschheit ist etwas Umfassendes und enthält außer sehr Schönem entsetzliche Gräuel, aber die Annahme, weil sie so viel Gräuel enthält, kann ich sie wegschmeißen, brauche ich sie nicht, soll sie nicht sein, die ist, glaube ich, verhängnisvoll.
Wenn Sie mich schon noch einmal auf das Ritual ansprechen: Das Ritual muss immer auch das Geheimnis enthalten, dass ich es nicht verstehe. Ich bin zum Beispiel sehr für die lateinische Messe, denn, ja, wenn ich sie auf Deutsch höre, verstehe ich sie ja auch nicht. Das hängt damit zusammen, dass es das Geheimnis aller Geheimnisse ist. Ein Ritual, das ich durch und durch verstehe, ist eines, das, glaube ich, nicht hält, das mir nicht Halt gibt im Leben. Wenn ich den Kuchen aufschneide, sehe ich, was drinnen ist. Beim Ritual ist das anders. Trotzdem, das Geheimnis ist immer auch süß. Vielleicht ist das ein gutes Schlusswort.

Thomas Gesterkamp

Die Krise der Kerle

Über die schleichende Entwertung traditioneller Männlichkeit in Arbeitswelt und Privatleben

Diese Tagung will das Thema Männlichkeit aus verschiedenen Richtungen angehen: aus gesellschaftlicher, aus psychologischer und aus mythologischer Sicht. Eine wichtige Rolle für die männliche Identität spielt die Erwerbsarbeit. Darüber habe ich mit Dieter Schnack, den einige von Ihnen vielleicht bei der ersten Österreichischen Männertagung in Wien kennen gelernt haben, ein Buch geschrieben: „Hauptsache Arbeit?“ (mit Fragezeichen!) – „Männer zwischen Beruf und Familie“. Sie sehen schon am Titel, es geht nicht nur um die Arbeitswelt, es geht auch um die Vaterrolle, es geht um persönliche Fragen wie um gesellschaftliche Rahmenbedingungen. Wir wollten diese Aspekte zusammen diskutieren, und genau das will ich auch in diesem Vortrag tun: eine Brücke schlagen zwischen Privatem und Politik, zwischen Psychologie und Sozialwissenschaft. Denn in der Gesundheits- und Therapieszene werden gesellschaftliche Zusammenhänge häufig ausgeblendet; umgekehrt werden Sie selten eine politische Veranstaltung finden, wo etwa die Zukunft der Arbeit und die Zukunft von Männlichkeit zusammen debattiert werden.

Mir persönlich ist eigentlich erst mit meinem eigenen Vatersein klar geworden, wie sehr Themen wie Kinder, Familie oder Partnerschaft aus dem gesellschaftlichen Leben herausgehalten werden – zumindest aus dem Leben der Männer. Ob Leute eine gute Beziehung hinkriegen oder ob sie es schaffen, gegen alle Hindernisse so etwas wie „geteilte Elternschaft“ zu praktizieren, gilt als Privatsache – und wird vom „harten“ Sach-Diskurs abgekoppelt. Auch zwischen dem Beruf und dem persönlichen Lebensentwurf scheint es nach dieser Lesart keine Verbindungen zu geben. Wirtschaftliche Fragen interessieren ausschließlich aus der Perspektive von Aktienkurs und Bilanzpressekonferenz. Die Welt der Arbeit von unten, aus der Sicht des Einzelnen zu betrachten, das ist kein einfacher journalistischer Zugang in einer Zeit, wo die Börse zum Ersatzlotto mutiert. Eine Kölner Bank hat kürzlich den Werbespruch plakatiert: „Hauptsache, mein Geld arbeitet". Das ist geradezu das Gegenteil von „Hauptsache Arbeit": Den Leuten wird zurzeit suggeriert, sie könnten mit einer schnellen Online-Spekulation mal eben ihr Monatsgehalt reinholen, und viele meiner Berufskollegen gerade aus dem Bereich der Wirtschaftsblätter verstehen sich als Informanten und Berater für diese Leute – auch wenn sie seit langem keinen Betrieb mehr von innen gesehen haben.

Hauptsache Arbeit?

Stellen Sie sich vor, Sie stehen plaudernd auf einem Fest mit Leuten zusammen, die Sie nicht kennen. Ziemlich schnell wird die Frage kommen: „Was machst du denn so? Was machen Sie denn so?" Damit ist immer der Beruf gemeint; er dient als Schablone zur wechselseitigen Identifizierung. Ich habe mir angewöhnt, dann nicht nur zu antworten: Ich bin Soziologe, Journalist, Buchautor (wichtig, wichtiger, am wichtigsten!), sondern auch: Ich bin Vater. Und je nach Umfeld dieses Dialogs stößt das auf Irritationen, denn darüber redet Mann in der Öffentlichkeit meistens nicht; jedenfalls nicht zu Beginn eines Gespräches mit einem Unbekannten.
„Hauptsache Arbeit", das beschreibt nicht nur den selbstverständlichen Gestus des Arbeits-Mannes, die bezahlte Tätigkeit in den Mittelpunkt seines Lebens zu stellen, sondern auch den gesellschaftlichen Diskurs der letzten Jahre. Arbeit ist, zumindest in Deutschland, ein wichtiges Thema geworden: Sondersendungen im Fernsehen, Reportagen in der Lokalpresse. Düster und ganz ernst, im Duktus von Katastrophen-Management ist dann die hohe Arbeitslosigkeit Thema. Meist bestimmen Schlagworte wie Standort, Globalisierung oder Lohnnebenkosten die Diskussion. Ich kann mich an eine Zeitungsseite erinnern, wo Dieter Schnack zu unserem Buch interviewt wurde. Die Schlagzeile hieß „Männer sollen umdenken", doch auf derselben Seite weiter oben stand eine ganz andere Überschrift. Sie lautete: „Industrie will zurück zu längeren Arbeitszeiten. Größte Fehlentwicklung der vergangenen Jahre war Arbeitszeitverkürzung im nationalen Alleingang."

Das ist der widersprüchliche Zeitgeist: Dass Arbeit die Hauptsache ist, gerade für Männer, steht völlig außer Frage. Das ist eine ganz ernste Angelegenheit, da ist kein Platz für Ironie, für Doppeldeutigkeit, wie wir sie mit dem Titel andeuten wollten. Bei der zweiten Auflage im Taschenbuch haben wir ein Fragezeichen dahinter gesetzt. Der Untertitel lautet „Männer zwischen Beruf und Familie", und dass wir den Beruf vor die Familie gesetzt haben, ist kein Zufall. In der Frauenbewegung heißt es ja immer „Vereinbarkeit von Familie und Beruf" – da steht die Familie am Anfang. Bei den Männern steht der Beruf am Anfang. Der ist die Achse der Lebensführung – wie das die Soziologen nennen.

Irritationen und Ängste

Bei meinen Reisen und Vorträgen fällt mir auf: Es liegt eine gewisse Verzagtheit über dem Thema „Arbeit", eine lauernde Angst vor dem sozialen Abstieg. Es fehlt der Raum für Visionen, für Utopien. Das hängt damit zusammen, dass die Menschen merken, dass es Vollbeschäftigung im traditionellen Sinne immer weniger gibt. Diese Vollbeschäftigung war immer eine Vollbeschäftigung für Männer, sie sorgte für kontinuierliche Einkommen der voll erwerbstätigen männlichen Haushaltsvorstände. Arbeitslosenquoten unter ein Prozent, wie im deutschen „Wirtschaftswunder", waren nur möglich, weil die Frauen am heimischen Herd geblieben sind. Ein Workshop, der morgen zum Thema „Männer und Arbeit" stattfinden soll, heißt, so habe ich im Programm gelesen: „Männer zurück an den Herd". Ich bin gespannt darauf, weil ich das nicht verstehe: Waren die Männer denn schon mal „am Herd", außer vielleicht, wenn sie Koch von Beruf sind?
Die Irritation, die ich zurzeit bei vielen Männern erlebe, erkläre ich mir damit, dass sie merken, dass ihr Arbeitskonzept „Vollzeit ohne Unterbrechung bis zur Rente" nicht mehr funktioniert oder zumindest gefährdet ist. Die klassischen Arbeitsmuster, ein Leben lang im selben Betrieb gut versorgt und sozial abgesichert zu arbeiten, werden seltener. Früher hat jene Bank, die jetzt angeblich unser Geld arbeiten lässt, eine andere Art von Optimismus verbreitet: „Nach der Lehre die Karriere" lautete einst ihr Werbespruch. Das glaubt aber heute kein Jugendlicher mehr. Auch die männlichen Jugendli-

chen nicht, die sehen sich ebenso wie die Frauen mit unterbrochenen Erwerbsbiografien konfrontiert: mit dem bunten Flickwerk aus befristeten Arbeitsverhältnissen, Teilzeit und Phasen eines freiwilligen oder auch erzwungenen Totalausstiegs. Diese Biografien sind für die meisten Frauen schon immer der Normalfall gewesen; dass sie jetzt auch die Männer betreffen, ist das Neue.
Zukunftsforscher sprechen nicht mehr von der Zweidrittel-Gesellschaft, sondern von der 20:80-Gesellschaft: Danach haben nur noch die oberen zwanzig Prozent künftig feste und gut bezahlte Jobs. Diese „Symbolanalytiker", wie sie der frühere US-Arbeitsminister Robert Reich nennt, sollen möglichst lange schuften. Die haben keine Zeit, sich zum Beispiel um Kinder zu kümmern, das wird wegdelegiert an Ehefrauen oder Bedienstete. Und die restlichen 80 Prozent zählen eben zur Randbelegschaft. Damit aber gerät die ganze patriarchale Ökonomie ins Wanken, denn der Sozialstaat beruht – zumindest in Deutschland – immer noch auf dem Männereinkommen als Familieneinkommen. Darauf basiert das Rentensystem und die Witwenversorgung, und derselben Logik folgend werden nicht erwerbstätige Ehefrauen kostenlos über ihre Männer krankenversichert.

Ein ungelöster Geschlechterkonflikt

Auch deshalb gilt der arbeitslose Familienvater als ganz besonderes Symbol für den Schrecken der Arbeitslosigkeit. Arbeitslose Mütter sind nämlich nicht arbeitslos, sondern „Hausfrau". Stellen Sie sich vor, Sie stehen vor dem Kindergartentor und fragen einen anderen Mann. „Sind Sie berufstätig?" Das habe ich unter Frauen beobachtet, aber unter Männern ist das eine völlig sinnlose Frage. Männer erkundigen sich nicht bei anderen Männern, ob die „berufstätig" sind. Männer haben (Erwerbs-)Arbeit, oder sie sind arbeitslos. Eine andere Option, ihr Leben zu gestalten, ist gesellschaftlich nicht vorgesehen. Stellen Sie sich die Antwort Ihres männlichen Gegenübers vor: „Ja also, wissen Sie, im Moment ist unser Jüngster noch so klein, den will ich noch nicht in fremde Hände geben, ich habe mich entschieden, vorläufig zu Hause zu bleiben." Was ist denn das für ein komischer Vogel?
Eine besonders hohe Arbeitslosigkeit – um die 20 Prozent herum

offiziell – haben wir in Ostdeutschland, und dort greifen Wissenschaftler und Politiker zu einfachen Erklärungsmustern. Hoch wissenschaftliche Untersuchungen machen die, so wörtlich, „höhere Erwerbsneigung" der ostdeutschen Frauen dafür verantwortlich. Der sächsische Ministerpräsident Kurt Biedenkopf spricht nebulös davon, dass nicht nur das Angebot, sondern auch die Nachfrage die Lage auf dem Arbeitsmarkt bestimme. Er hütet sich, es offen auszusprechen, aber natürlich meint er die Ost-Mütter, die es ablehnen, in die Küche zurückzukehren und vom Verdienst ihrer Männer abhängig zu werden.

Es gibt, so meine These, am Arbeitsmarkt einen ungelösten Geschlechterkonflikt. Die im Rückblick idealisierte Vollbeschäftigung beruhte stets darauf, dass die Frauen zu Hause blieben und die Statistik entlasteten. Das männliche Erwerbskonzept „Ein Leben lang ununterbrochen Vollzeit" setzt ein weibliches Pendant voraus, das derweil die Arbeit des Alltags erledigt. Zumindest wenn sie Kinder haben, sind Männer angewiesen auf die gute Fee im Hintergrund, die sich um alles kümmert, was den Ernährer vom Geldverdienen abhalten könnte: Der Kühlschrank ist voll, die Kinder sind versorgt, die Karten für das Konzert am Wochenende besorgt – auch wenn der alte Gag mit dem Männeranruf „Schatz, ich bringe noch ein paar Gäste mit!" heutzutage nicht mehr so zutrifft: also, dass dann die Frau auch noch das Arbeitsessen für die Kollegen organisieren muss. Der deutsche Wirtschaftsminister und spätere EU-Kommissar Martin Bangemann hat das Ganze in einen schönen Satz gefasst: „Die richtige Frau im Haus erspart den Herzschrittmacher!"

Diese Freistellung der Gattin konnte sich in der frühen Industriegesellschaft nur das Bürgertum erlauben. Im Arbeitermilieu war weibliche Erwerbstätigkeit stets Zwang und keine Wahl. Erst in der Nachkriegszeit entwickelte sich der „Alleinverdiener" zum allgemeinen Leitbild. Der Spruch „Die Frau eines Stahlarbeiters braucht nicht zu arbeiten" illustrierte proletarischen Ernährerstolz, und genau dieser Stolz ist angeknackst. Das ist die „Krise der Kerle", den männlichen „Breadwinnern" geht die Arbeit aus. Das Band der Treue zwischen paternalistischem Unternehmertum und fleißiger Belegschaft ist zerrissen, der Vertrag der alten Industriegesellschaft mit den Arbeitsmännern ist aufgekündigt. An die Stelle der lebenslang gesicherten Anstellung tritt die lebenslange Probezeit. „Stiffed"

(„Angeschmiert") nennt die Autorin Susan Faludi ihr Buch über den, so wörtlich, „Betrug an den amerikanischen Männern". Das britische Wirtschaftsblatt „The Economist" fürchtete schon vor Jahren, dass die einstigen Helden der Arbeit das „zweitrangige Geschlecht von morgen" („Tomorrow's second sex") bilden könnten. „Uneducated, unemployed, unmarried" – ohne Ausbildung, ohne Stelle, ohne Beziehung: Diese Formel bringt auf den Punkt, dass die Krise der Arbeit kein rein ökonomisches Problem darstellt. Weil sich Männer vorrangig über ihren Beruf definieren, ist sie zugleich eine Krise der männlichen Identität. Gerade Industriearbeiter, deren Qualifikationen nicht mehr gebraucht werden, sind die Verlierer des gesellschaftlichen Umbruchs. Sie verfügen nicht über anerkannte Alternativen, jenseits der Erwerbstätigkeit Sinn zu finden. Schon die Vorstellung, weniger zu verdienen als ihre Partnerin, ist für viele Männer ein gruseliger Gedanke.

Männliche Arbeitsidentität

Werktätigkeit gegen anständige Bezahlung bildet den Kern der männlichen Arbeitsidentität. Und je knapper Arbeit als gesellschaftliches Gut wird, desto stärker wächst paradoxerweise ihre Bedeutung im Lebensentwurf des Einzelnen. Der „Krise der Kerle" in den alten Industrien stehen die neuen Erfolgsmythen der Internet-Wirtschaft gegenüber – und auch diese sind männlich geprägt. Die Arbeit der „Gründer" oder „Start-up-Unternehmer", wie sie glorifizierend genannt werden, entfaltet offenbar eine besondere Sogwirkung. Sie kann zum einzigen Halt, zur Droge werden – und Abstinenz oder Entzug von dieser Droge haben zurzeit ein sehr niedriges Sozialprestige. Die „Tribal Workers", die Stammeskrieger im Kampf um Marktanteile in der schnelllebigen Informationswirtschaft, haben sich ihrem Job mit Haut und Haaren verschrieben – und vergolden sich den enormen Leistungsdruck als freudigen Lebensinhalt: Warum sollte ich kürzer treten, wenn ich so viel „Spaß und Fun" habe? Geschafft hat man es, wenn man bis in die Nacht hinein „Flow" und „Happiness" erlebt. Bei der Arbeit, selbstverständlich.
Kürzlich war ich bei einem Kick-off-Workshop – so heißt das im Managementjargon – eines amerikanischen Computerunterneh-

mens. 150 Vertriebsmanager aus ganz Europa trafen sich in einem süddeutschen Luxushotel, und neben betrieblichen Fachfragen stand auch das Thema „Work-Life-Balance" auf dem Programm. Mein Vortrag stieß nur auf höfliches Interesse, die sich anschließende Diskussion war müde, geprägt durch das Schweigen vor allem der Männer. Die bildeten, auf der Veranstaltung wie auf der Führungsebene im Konzern, die große Mehrheit. Einzelne Frauen meldeten sich zu Wort, berichteten von ihren Erfahrungen mit Babypause oder Teilzeitarbeit. Aber selbst bei ihren Geschlechtsgenossinnen ernteten sie damit nur mäßige Aufmerksamkeit. Die meisten Teilnehmer waren um die 30, sie hatten keine Kinder oder eine Frau für ihre Kinder. Sie haben kein „Vereinbarkeitsproblem" zwischen Beruf und Privatleben. Im Gegenteil, sie lieben ihre 70-Stunden-Wochen. Sie fliegen auch schon mal für einen Tag in die USA und in der nächsten Nacht zurück, wenn es im Mutterhaus etwas Wichtiges zu besprechen gibt. Der Kopf dieses Konzerns ist übrigens eine Frau. Weibliche Workaholics sind im Männerbund zugelassen – wenn sie bereit sind, so zu arbeiten wie Margaret Thatcher.

Schlaflos im Schlafsack

In Deutschland haben wir in den letzten Monaten viel über die so genannten „Computer-Inder" diskutiert – also darüber, ob gut qualifizierte Ausländer einwandern dürfen. Von „Computer-Inderinnen" war dabei ganz selten die Rede. Die erfolgreichen Aufsteigertypen des digitalen Zeitalters sind kinderlose Männer unter 30, die vierzehn Stunden am Tag mit viel Vergnügen an ihrer Karriere basteln. Durch elektronischen Versandhandel oder Multimedia-Agentur zumindest auf dem (Aktien-)Papier über Nacht reich geworden, haben die neuen Helden angeblich nicht einmal Zeit, aus ihren Einzimmer-Apartments auszuziehen. „Schlaflos im Schlafsack", überschreibt eine Wirtschaftszeitung ihren Bericht über 50 – ausschließlich männliche – Existenzgründer; als „Boygroups" charakterisiert das Magazin „Der Spiegel" die Unternehmen der Internet-Branche.

Millionenschwere Jungkapitalisten, die pizzaessend vor der Tastatur hocken und vor lauter Identifikation mit ihrer Arbeit nicht einmal eine dem Wert ihres Depots entsprechende Wohnung suchen können: Solche Siegermythen gehen an der Wirklichkeit vorbei. Die meisten Jobs auch in den Bereichen Medien und Information sind keineswegs so lustvoll, spannend und ertragreich, wie der jubelnde Blätterwald suggeriert, und sie ermöglichen auch keine uneingeschränkte Autonomie. Trotzdem prägen die Internet-„Boygroups" ein bestimmtes gesellschaftliches Klima. Wo es nur noch um Rentabilität und den Profit der Aktienbesitzer geht, scheint es nicht mehr wichtig, über Geschlechterrollen nachzudenken. Alte Tugenden sind wieder gefragt. Arbeitszeitverkürzung oder Umverteilung von Erwerbsarbeit werden als Relikte aus vergangenen Zeiten diffamiert. Gerade weil so viele Menschen auf der Straße stehen, müssen die, die eine Stelle haben, umso mehr arbeiten! So lautet die absurde Botschaft.

Warmduscher und Schattenparker

Männer, die in dieser Gesellschaft, was ihre Rolle angeht, in irgendeiner Weise abweichendes Verhalten zeigen, werden schnell bespöttelt: als Weichei, Warmduscher oder Schattenparker. Ein hessischer Radiosender hat vor kurzem mit großem Erfolg einen Wettbewerb ausgeschrieben: Hörer können anrufen und mit immer neuen Wortkreationen wie „Frauenversteher", „Fußföhner", „Balkonraucher", „Sauna-Untensitzer" oder „Sitzpinkler" Preise gewinnen. Sprachforscher diskutieren zurzeit, solche und ähnliche Vokabeln in den Duden aufzunehmen. In englischen Medien machen zurzeit die „Lads" – wörtlich: die „jungen Burschen" – Furore. Trash-Shows und neuartige Herrenmagazine betreiben einen fröhlichen Kult um Saufen, Sport und Sex – angeblich der Befreiungsakt einer vom Feminismus geknuteten Männerwelt. Alles natürlich mit britischem Humor, witzig und ironisch gemeint – und dennoch symptomatisch.
In der Arbeitswelt macht sich – Witze und Anekdoten hin und her – ein einschüchterndes Klima breit. In Zeiten großer gesellschaftlicher Umbrüche halten die Menschen am Gewohnten fest. Persönliche Risiken machen unsicher; das gilt auch und gerade für Männer, die ihre Rolle als Vater ernst nehmen wollen: Die trauen sich im Moment nicht allzu viel. Wenn ich auf Veranstaltungen mit Männern rede, dann treffe ich auf genau diese Verunsicherung. Da sagen

mir Männer, völlig undenkbar, im Moment kann ich nicht Teilzeit oder eine Dreiviertel-Stelle von meinem Chef verlangen; da habe ich Angst, dass er mich gleich rausschmeißt. Oder Väter berichten, dass sie gleich mit Kündigung bedroht wurden, als sie bei ihrem Vorgesetzten eine mögliche Babypause in Aussicht stellten. Bei diesem Punkt hört übrigens auch im humorvollen England der Spaß auf: Als Fußballnationalspieler David Beckham von Manchester United vor ein paar Monaten nicht zum Training erschien, weil sein einjähriger Sohn Fieber hatte, schickte Trainer Alex Ferguson seinen Star prompt auf die Ersatzbank.
Es gibt viele schöne Elternrechte, in Deutschland zum Beispiel das Recht, fünf Tage im Jahr wegen der Krankheit eines Kindes zu fehlen. Obwohl es sich mitnichten um eine geschlechtsbezogen auf Mütter formulierte Anspruchsregelung handelt, nehmen Männer sie kaum in Anspruch. Sie lernen aus Geschichten wie der von „Spiceboy" David Beckham. Sie sehen ihrem Chef nicht ins Gesicht: Ich muss jetzt leider gehen, ich komme nicht zum wichtigen Meeting um 18 Uhr, ich muss nämlich jetzt meinen Sohn abholen. Die meisten Männer setzen am Arbeitsplatz zwar persönlich schmerzende, aber eindeutige Prioritäten: für die Welt der Arbeit und gegen die Welt der Familie. Und das bleibt nicht ohne Folgen in ihrem privaten Leben

Kein faules Geschlecht

Ich halte es für ganz wichtig, die männliche Ernährerrolle zu beschreiben, ohne sie gleich negativ zu bewerten, wie das in der Frauenbewegung häufig passiert. Es gibt ein Buch einer deutschen Feministin: „Das faule Geschlecht" von Claudia Pinl. Da wird eingangs ein männlicher Angestellter beschrieben, der kommt morgens gemütlich ins Büro, lässt sich seine Post kommen, die Sekretärin bringt Kaffee und dann dämmert er bleistiftspitzend der Mittagspause entgegen. Angesichts der heutigen Arbeitsverdichtung hat dieses feministische Klischee mit der Realität wenig zu tun, nicht in der Verwaltung und schon gar nicht in der Gießerei.
Männer mögen im Haushalt ein faules Geschlecht sein, in der Arbeitswelt aber könnten sie ruhig ein bisschen fauler werden! Ihr Vereinbarkeitsproblem besteht nämlich darin, dass sie in ihrer Familie

die Rolle von Außenseitern, Fremdlingen, von „Girovätern" spielen. Männer fehlen bei der Erziehung von Kindern: zu Hause, im Kindergarten, in der Schule. Nach den Sommerferien und nach Weihnachten, wenn die Familien inklusive Papa länger zusammen sind, steigen die Scheidungswünsche, berichten die Rechtsanwälte. Männer sind die ewigen Praktikanten des Privaten. Und wenn sie nicht aufpassen, haben sie große Chancen, nach einiger Zeit getrennt von ihren Lieben in einem viel zu teuren Apartment zu sitzen.
Wir haben eine Umfrage gemacht zu Beginn unserer Recherchen; wir haben, ohne wissenschaftlichen Anspruch, Männer gebeten, über ihr Verhältnis zur Arbeit zu berichten. Auffällig, dass uns nur Männer mit Familie geantwortet haben. Für Männer ohne Kinder scheint das Thema Beruf nicht so konfliktbelastet zu sein; es gibt darüber wenig Streit mit der Partnerin. Die Probleme beginnen bei der Geburt des ersten Kindes: Das ist die zentrale Situation, wo Entscheidungen über die künftige Arbeitsteilung, über das Paararrangement getroffen werden. Die Pläne vorher hören sich ganz modern an: Natürlich wollen die künftigen Eltern partnerschaftlich an die neue Lebenssituation herangehen. Männer gehen heute mit zum Schwangerschaftskurs, atmen mit, sind im Gegensatz zur Generation ihrer Väter auch selbstverständlich bei der Geburt dabei. Kurze Zeit später aber wirken mit Macht alte Bilder: Papa bringt das Geld, Mama windelt und stillt. Von guten Vorsätzen bleibt wenig übrig: Meist wird er Haupternährer ohne Wenn und Aber, sie zeigt eine unklare Haltung zur Erwerbsarbeit, wird „vorläufig", wie sie betont, Hausfrau und Mutter, später vielleicht Hinzuverdienerin.

Die Traditionsfalle

Wenn vor der Familiengründung ein finanzielles Gefälle bestand, der Mann „einfach mehr verdiente", schnappt die Traditionsfalle umso heftiger zu. Warum aber verdient er eigentlich mehr als sie? Gleicher Lohn für gleiche Arbeit, diese Forderung ist immer noch nicht eingelöst, auch wenn sich da was getan hat in den letzten Jahrzehnten. Noch schwieriger wird es beim „gleichen Lohn für gleichwertige Arbeit". Es gibt ein schönes Beispiel aus dem Tarifvertrag

für den öffentlichen Dienst im Bundesland Hessen: Der Menschenaffenpfleger ist dort vier Tarifstufen höher eingestuft als die „Menschenpflegerin“, also die Kinderpflegerin im Kindergarten. Das sagt einiges aus über die Bewertung von Arbeit. Ich habe nichts gegen Zootiere, aber ich glaube, unser Nachwuchs sollte uns doch ein bisschen mehr wert sein. In Finnland braucht die Kindergartenerzieherin übrigens einen Hochschulabschluss.
Außerdem wählen Frauen andere Berufe als Männer, im akademischen wie im nichtakademischen Bereich. Sie kennen das, Pädagogik statt Informatik, und der beliebteste Ausbildungsberuf von Mädchen ist die Arzthelferin. Also ein Beruf ohne große Aufstiegschancen, der nicht gut bezahlt wird und wo man in der Regel einem männlichen Vorgesetzten zuarbeitet. Da wirkt sehr stark nach, dass junge Mädchen schon ihr künftiges Vereinbarkeitsproblem mitdenken. Männern käme das überhaupt nicht in den Sinn: Ein 18-jähriger Jugendlicher, der als Automechaniker in einem kleinen Handwerksbetrieb lernt, denkt nicht darüber nach, ob er in diesem Unternehmen später Teilzeit arbeiten kann. Dem geht es darum, dass er möglichst viel Geld kriegt, damit er später – zumindest vom Bild her – die Ernährerrolle ausfüllen kann. Die Männer nehmen bei der Berufswahl die Ernährerrolle vorweg und Frauen nehmen von der Tendenz her die Mutterrolle vorweg. Und dabei kommt eben raus, dass der Mann bei der Geburt des ersten Kindes mehr verdient. Früher hat man gesagt, die Frauen heiraten nach oben; man könnte auch etwas bösartig sagen: sie wählen die falschen Berufe und lassen sich versorgen.

Eine männliche Form der Sorge

Entsprechend arbeitet nur ein Prozent der Männer im Alter zwischen 30 und 50 in Deutschland Teilzeit. Viele von ihnen kennen die Kollegen besser als die eigene Familie; sie führen ein eindimensionales Leben auf Sparflamme. In Umfragen geben Väter immer wieder mehrheitlich an, nicht der Beruf, sondern Frau und Kinder seien für sie das Wichtigste im Leben. Das ist keineswegs ein Widerspruch zu ihrem Verhalten. Denn sie betrachten das Geldverdienen als eine männliche Form der Sorge. Zwar müssen sie sich zu Hause immer wieder die bekannten Vorwürfe anhören, doch im

Kern akzeptieren auch ihre Partnerinnen das vorherrschende Rollenmuster. In stillem Einverständnis, oder auch in offener Komplizenschaft, ermuntern Frauen zu Überstunden, damit die Kasse stimmt.
„Mein Mann arbeitet in der Industrie“, lautet ein weibliches Argument, das keinen Widerspruch duldet. Frauen teilen die große Beachtung, die „sein“ Job und dessen Erhalt um jeden Preis für das gemeinsame Arrangement hat. Als Gegenleistung übernehmen sie die Regie in Erziehungs- und Haushaltsfragen, beanspruchen dort allerdings auch die Definitionsmacht. Im Extremfall kann das Ergebnis sein, dass sich Ehegattinnen im Vorstadt-Eigenheim einrichten und gar nicht mehr auf die Idee kommen, „arbeiten zu gehen“. Die auf ihre Rolle festgelegten „Ernährer“ haben dann keine Chance mehr, ihre Belastungen am Arbeitsplatz zu mindern. Das männliche Einkommen ist ein Beitrag zur Familie, dessen große Bedeutung Frauen im notorischen Klagelied über ausbleibende Hilfe im Haushalt häufig entwerten. Im Durchschnitt verdienen die deutschen Männer immer noch fast achtzig Prozent des Familieneinkommens – auch wenn sich die traditionelle Versorgerrolle zersetzt und der „Girovater“ immer weniger in der Lage ist, den Lieben daheim verlässliche Perspektiven zu garantieren.

Nur Hinzuverdiener und Hedonist

Wenn Männer mit ihren Rollenexperimenten scheitern, ist das kein rein individuelles Problem, sondern liegt auch an gesellschaftlichen Hindernissen. Es wird Vätern schwer gemacht, alte Rollenmuster zu verlassen; es gibt einen sanften – mitunter auch weniger sanften – Druck patriarchaler Familienpolitik. Das deutsche Ehegattensplitting bei der Steuer zum Beispiel ist keine Förderung der Familie – wie immer behauptet wird – sondern die Förderung einer bestimmten Arbeitsteilung, nämlich der traditionellen. Zudem haben wir einen enormen Mutterkult: Kleine Kinder gehören zur Mama, demzufolge ist die Kinderbetreuung überwiegend privat organisiert. Es gilt bei uns schon als „verlässliche Grundschule“, wenn die Kinder nicht um 11 Uhr vor der Tür stehen, sondern erst um 13 Uhr! Ich habe mal versucht, einer Französin das Wort „Schlüsselkind“ zu erläutern. Den Begriff gibt es im Französischen nicht und sie hat auch den kulturellen Kontext dieses Begriffes, der bei uns die Rabenmutter – oder auch den Rabenvater – haftbar machen soll, nicht verstanden.

Vaterschaft wird also zur Privatsache erklärt; die Möglichkeiten von Männern, sie zu leben, sind durch die Rahmenbedingungen massiv eingeschränkt. Väter scheuen vor den Risiken, die damit verbunden sind, am Arbeitsplatz eine ausgeprägt private Orientierung offen zu vertreten. Viele klammern sich an das, was sie kennen – und in der eigenen Herkunftsfamilie gelernt haben. Neue Rollenmodelle sind angstbesetzt und werden nur von einzelnen Paradiesvögeln erprobt. Eine Existenz als Hedonist, Hausmann oder Hinzuverdiener können sich nur wenige Väter vorstellen. Bei der Weitergabe von Männlichkeit an ihre Söhne geben sie ein entsprechend widersprüchliches Vorbild ab. Vor Jahren habe ich eine Reportage gemacht über Kinder in Arbeitslosen-Familien. Mir ist vor allem aufgefallen, wie sehr sich der Vater gegenüber seinen Söhnen für seine Arbeitslosigkeit geschämt hat. Als peinlichstes Erlebnis schilderte er einen Vormittag, an dem er noch im Bett lag, als die Kinder nach Hause kamen. Es gibt nur wenige Männer, die den Mut haben – wie ein allein erziehender Vater im Hort meiner Tochter –, sich offensiv als 43-jähriger „Frührentner" in der Öffentlichkeit zu präsentieren.

Uns Männern wird in Deutschland immer die berühmte Zahl von 1,5 Prozent um die Ohren gehauen, die Väter in den „Erziehungsurlaub" gehen – ein unzutreffendes Wort, das österreichische „Karenz" passt besser. Gezahlt wird dabei keine Lohnersatzleistung, sondern eine Art Muttiprämie, die vor allem für wenig verdienende Frauen interessant ist. Die niedrige Männer-Quote ist folglich kein Wunder, und ich glaube darüber hinaus, dass der ganze Ansatz falsch ist. Denn es geht, für Männer wie Frauen, nicht um das Nacheinander, sondern um das langfristige Nebeneinander von Beruf und Familie. Darauf ist aber weder die Familienpolitik noch die Arbeitswelt ausgerichtet.

Karriere und Kinder

Durch den späten Berufseinstieg und ein betriebliches Klima, das Vierzigjährige schon zum „alten Eisen" zählt, entsteht für junge Eltern eine überfordernde Situation. Zwischen 25 und 45 stehen die

Menschen unter einem ungeheuren Druck. In dieser Phase sollen sie ihre berufliche Karriere – soweit es eine ist – aufbauen und sie sollen ihre Kinder großziehen. Und in dieser Phase unterscheiden sich die Blicke auf die Geschlechter sehr. Männer auf Jobsuche, die sich als „verheiratet" vorstellen, kriegen Pluspunkte. Das signalisiert: Ich habe eine Familie zu ernähren, also bin ich hoch motiviert – und zu Hause sorgt meine Frau für das wohlige, die Arbeitskraft erhaltende Nest. Frauen werden in der gleichen Phase unabhängig von ihren tatsächlichen Perspektiven pauschal unter Schwangerschaftsverdacht gestellt. Die Männer machen keine Babypause, und das wissen die Personalchefs auch. Die wollen keine farbigen Lebensläufe, sondern lückenlose Tätigkeitsnachweise.

Die Männer wissen sehr genau Bescheid über die Risiken einer Berufsbiografie, die von Brüchen geprägt ist. Überdurchschnittliches „Engagement" ist in Führungspositionen fest eingeplant, eine intensive Vater-Kind-Beziehung dagegen nicht vorgesehen. Männern, die Karenzzeiten beantragen, droht die soziale Ausgrenzung, im schlimmeren Fall Mobbing oder sogar die Kündigung. „Neue" Väter, die mehr als Sonntagspapa sein wollen, werden als unsichere Kantonisten eingestuft. Wie Mütter sind sie einer mittelbaren Diskriminierung ausgesetzt: Sie sind einfach nicht so mobil und zeitlich flexibel wie die Kollegen, die das Hausfrauenmodell praktizieren. Vor allem ältere Vorgesetzte messen Leistung immer noch in Stunden und weniger an Ergebnissen. „Karrieren werden nach 17 Uhr entschieden", kriegt zu hören, wer genau dann endlich gehen will.

Und Teilzeit? Teilzeit ist eigentlich nichts anderes als die Antwort eines modernisierten Patriarchats auf die Frauenbewegung. Sie ist Ausdruck davon, dass die Hausfrau durch die Zuverdienerin abgelöst worden ist. Teilzeit ist ein Frauengetto, Männer arbeiten nicht Teilzeit. Das gilt als unmännlich, hat eine Studie der Nürnberger Bundesanstalt für Arbeit festgestellt. In Männerohren klingt Teilzeit irgendwie unseriös, nach Bezirksklasse und Versagertum. Dabei ist Teilzeit alles unterhalb der Normalarbeitszeit. Auch die 30-Stunden-Stelle oder die 70-Prozent-Stelle ist eine Teilzeitstelle. Da tut sich auch einiges, immer mehr Betriebe bieten solche Stellen an, aber wir sind weit entfernt von einer Teilzeitkultur, wie es sie etwa in den Niederlanden gibt. Dort arbeiten inzwischen 20 Prozent der Männer in Teilzeit, in Deutschland sind es vier Prozent.

Von Pionieren und Stammesriten

„Zeitpioniere", die freiwillig auf volle Stellen und die entsprechenden Gehälter verzichtet haben, werden als Aussteiger betrachtet. Untersuchungsergebnisse, die Teilzeitler für besonders leistungsfähig erklären, werden schlicht ignoriert. „Die Fixkosten sind für jeden Mitarbeiter fast die gleichen", kann der Europa-Chef von General Motors behaupten, ohne Widerspruch zu ernten. Kein Argument ist zu billig, um es nicht gegen die ungeliebten Quertreiber einzusetzen. Mehr Verwaltungsaufwand in Personalakten und Computerprogrammen, zusätzliche Schreibtische und Kantinenessen oder gar mehr Toiletten werden als schwer wiegende Hindernisse gegen eine andere Zeitkultur angeführt. Dabei geht es im Kern nicht um Betriebswirtschaft, sondern um Psychologie. Mir hat ein Personalchef gesagt: „Gucken Sie doch mal da runter auf den Firmenparkplatz und stellen Sie sich vor, die Leute würden um 14 Uhr vom Platz fahren. Das kann ich nicht zulassen, das schafft Unruhe!" Männer, die andere Männer dabei beobachten, wie sie mittags zu ihren Kindern oder ins Schwimmbad verschwinden – für den überzeugten Anhänger alter Arbeitstugenden war das eine Horrorvorstellung. Er betrachtete es als eine erzieherische Aufgabe, seine Moral von der „Hauptsache Arbeit", den Kern seiner persönlichen Identität, an die jüngere Generation weiterzugeben – wie eben auch Stammesriten von einer Männergeneration an die nächste weitergereicht werden.

Bei der Teilzeit spielen die Blockaden in den Köpfen der Männer selbst eine große Rolle. Vor allem im Angestelltenmilieu grassiert der Unentbehrlichkeitswahn. Ich kenne ein Unternehmen, da haben die Manager die Putzfrauen angewiesen, abends in ihren Zimmern das Licht anzulassen, damit der Eindruck erweckt wird, dass die wichtigen Männer dann noch da sind. Oder kennen Sie den Trick mit dem zweiten Jackett? Mann hängt noch ein zweites Jackett in sein Büro, damit es so aussieht, als sei er nur mal eben raus, in Wirklichkeit ist er natürlich längst auf der Autobahn.

Auch die Gewerkschaften haben die männliche Arbeitsnorm stets als soziale Errungenschaft betrachtet. Wenn man ans 19. Jahrhundert zurückdenkt, an den Kampf um den Normalarbeitstag, ist das ganz verständlich. Aber in der heutigen Zeit ist es komplizierter geworden, weil es keine einheitlichen Lebensentwürfe mehr gibt. Bei

Tarifverhandlungen werden hausbackene Rechnungen aufgemacht. Achten Sie mal darauf, wen das Fernsehen vor dem Werkstor interviewt: Der befragte Arbeitsmann hat garantiert eine Frau zu Hause und zwei Kinder und eine Hypothek auf seinem Reihenhaus. Das stimmt vielleicht für seinen Fall, aber es trifft nicht die Lebenssituation von allen. Es gibt ganz viele andere Lebensentwürfe in dieser Gesellschaft: von Leuten, die keine Kinder haben, die erwachsene Kinder haben, von jüngeren Arbeitnehmern. Da machen es sich die Gewerkschaften manchmal ein bisschen einfach bei der Diskussion um Arbeitszeitverkürzung in großen Schritten ohne vollen Lohnausgleich oder um sozial gestaffelten Lohnausgleich. In diesem Sinne halte ich die Gewerkschaften für einen Lobbybund männlicher Facharbeiter.

Karriereleiter als Hamsterrad

Männer, die sich verändern wollen, werden auch auf anderen Ebenen abgewertet oder lächerlich gemacht. Die Windeln wechselnden Weicheier haben alle ein Problem, wusste das deutsche Nachrichtenmagazin „Der Spiegel" schon vor Jahren. Zitat: „In ihrem Bett wird die erotische Spannung geringer." Aha. Da kommt beim schuftenden Teil der männlichen Bevölkerung Freude auf. Die Erotik des Bandscheibenschadens, der Wortlosigkeit und der vier Flaschen Bier am Abend; der erotische Kick, der sich beim Heimkommen, Krimigucken und Müdewerden aufbaut; die knisternde Spannung der privaten Randständigkeit, der Überstunden und der Wampe, all das erfährt seine fröhliche Umdeutung: Ich gehe arbeiten, ich bin ein ganzer Kerl und kein zotteliger Hausmann.

Es braucht viel Selbstbewusstsein, in einer Workaholic-Kultur abweichendes Verhalten zu zeigen. Wer als Mann nicht richtig funktioniert, keine Überstunden kloppt oder demonstrativ früher geht, gilt schnell als schräger Vogel. Viele Männer fürchten die Gefahren, die Brüche im Erwerbsleben für die eigene „Karriere" bedeuten können – auch wenn der Begriff Karriere vom lateinischen „Carrus" kommt, also von den römischen Wagenrennen, die immer im Kreis herumgingen. Das Bild von der „Karriereleiter" ist also irreführend, das Hamsterrädchen wäre passender!

Ich glaube, dass die neue Unübersichtlichkeit der Arbeitswelt mehr

Platz für individuell geprägte Lebenswege und Geschlechtsrollenentwürfe bietet. Die Erosion der männlichen Normarbeit ist eine Chance. Durch bewegliche Zeitstrukturen und bunte Biografien kann Berufliches und Privates auf neue Weise verteilt werden. Dringlich ist vor allem, mit dem Dogma zu brechen, dass unsere Gesellschaft nur mit Vielarbeitern funktioniert. Amerikanische Manager zum Beispiel kommen, entgegen anders lautenden Mythen, deutlich früher nach Hause als ihre deutschen Kollegen. Selbst wenn die Verfechter der Unentbehrlichkeit es nicht wahrhaben wollen: Auch Leitungspositionen sind mit etwas Fantasie durchaus teilbar und reduzierbar. „Halbe Chefs" müssen nicht zwangsläufig zu „halben Portionen" degradiert werden, zeitfressende Sitzungs- und Abstimmungsrituale lassen sich auch anders organisieren. „Der Kaffeeklatsch der Männer heißt Konferenz", ist aber bezahlte Arbeit und Teil der unermüdlich herausgestellten 60-Stunden-Wochen.

Karriereverzicht auf Zeit

Anwesenheitswahn, stundenlange Arbeitsessen und unkonzentriertes Zeitabsitzen in die Abendstunden hinein sind wenig effektiv. Die Management-Literatur ist seit Jahren voll von Ratschlägen, solche Exzesse männerbündischer Unternehmenskultur zurückzudrängen. Männer sollen eine gesunde Distanz zum eigenen Beruf und zeitliche Spielräume für andere Beschäftigungen schaffen – um im Betrieb wieder besser zu funktionieren. Auch wenn man dieser rein ökonomischen Sichtweise nicht folgen mag: Neue Leitbilder – wie etwa ein „Karriereverzicht auf Zeit" für junge Väter – können an die offensichtlichen Defizite der „Nur-Karriere" anknüpfen. Arbeitssucht, emotionaler Panzer, gesundheitliche Schäden, erst recht der „viel zu frühe Tod" drei Monate nach der Verrentung sprechen für sich.

Männer brauchen keine vollständig neue Identität. Sie müssen sich nicht zu 100 Prozent von ihrem Ehrgeiz, dem Wunsch nach Selbstverwirklichung, dem Drang nach Macht und Erfolg verabschieden. Es geht darum, den absoluten Vorrang von Beruf, Leistung und Einkommen im männlichen Wertesystem zu relativieren. Der täglich drei Stunden Pendelzeit erfordernde Job mag eine Stufe höher führen auf der Karriereleiter, aber er kann auch dazu beitragen, dass

Mann im Privaten immer mehr verkümmert. Väter brauchen die Courage, das wichtige „Meeting" am späten Nachmittag ruhig mal sausen zu lassen, wenn ein Kindergeburtstag ansteht. Sie haben in der Arbeitswelt trotz aller Hindernisse meist größere Spielräume, als sie glauben.
Männer, die anders leben wollen, sollten sich als Pioniere verstehen und durch den Spott der Männerbünde nicht irritieren lassen. Alltäglicher Protest tut Not – gegen eine Arbeitswelt, die es für selbstverständlich hält, dass Männer ihr jederzeit zur Verfügung stehen. Kürzer arbeiten, das ist keine Drohbotschaft, sondern eine Frohbotschaft: Männer, strengt euch nicht so an, werdet ein bisschen lässiger! Eine gut verdienende Partnerin ist keine Bedrohung des männlichen Ego, sondern ein Grund durchzuatmen. Dann können nämlich auch die Männer ihre Arbeitsintensität ein bisschen zurückschrauben und stehen nicht mehr so unter Druck.

Ein neues Leitbild

Ein Wort gefällt mir immer gar nicht, wenn es um uns Männer geht. Das ist das Wort „Müssen". Die Männer müssen immer irgendwas. Ich halte es für ganz wichtig, Ansatzpunkte zu finden, die wegführen von diesem „Müssen". Wir brauchen kein Bestrafungs-, sondern ein Ermutigungsprogramm. Interessant finde ich zum Beispiel das schwedische Modell eines individuell auf Väter zugeschnittenen „Papamonats". Man kann das ja noch erweitern und sagen, man macht ein halbes Papa-Jahr. Es ist die Frage, ob die Frauen das mitmachen, ob die Frauen das überhaupt wollen? Denn zu den 1,5 Prozent Männern in der Babypause gehören ja 98,5 Prozent, die das mittragen. Für Männer geht es sicherlich nicht darum, in den ersten Monaten eines Kindes mit den Frauen biologisch konkurrieren zu wollen, wir können nun mal nicht stillen. Aber wenn einer das ernst nimmt mit der Vaterschaft, sollte man ihm ein attraktives Angebot machen.
Ich komme zum Schluss. Es geht um ein anderes Leitbild männlicher Erwerbsarbeit, um einen anderen Arbeitsbegriff, der die Idee des „guten Lebens" wieder einführt. In Deutschland diskutieren wir seit langem ein „Bündnis für Arbeit", doch eigentlich brauchen wir ein „Bündnis für freiwillige Nicht-Erwerbsarbeit" – so wie in Däne-

mark, wo es Sabbat-Jahre gibt, wo man für Weiterbildungs- oder Familienpausen ohne große Einkommenseinbußen aussteigen kann.
In der viel zitierten „neuen Ökonomie" steckt für mich die Option auf eine aktive Gestaltung des eigenen Lebens – und auf einen Wandel im Geschlechterverhältnis. Telearbeit und die Auflösung starrer Zeitstrukturen formen einen neuen Lebensstil, einen andersartigen Mix zwischen dem, was in der Industriegesellschaft als „Arbeit" und „Freizeit" strikt getrennt war. Das eröffnet Spielräume auch im Bereich von „Eigenarbeit" und „Privatarbeit", die im althergebrachten Beziehungsarrangement den Frauen zugeschrieben wurden. Der Beruf wird für beide Geschlechter zum „Anker der Lebensführung"; zugleich aber, so zumindest meine Hoffnung, haben Männer bessere Chancen, am „guten Leben" jenseits der Erwerbsarbeit teilzuhaben.

Als Säufer in der Schnapsfabrik?

Ganz am Ende noch eine Frage. Wie steht es um unsere eigene Glaubwürdigkeit beim Predigen neuer Arbeits- und Lebensstile? Es gibt genügend Politiker, Kirchenleute oder Gewerkschafter, die mit eigener 70-Stunden-Woche für die 35-Stunden-Woche kämpfen. Oder, um einen Spruch zu zitieren, der ursprünglich auf den Beruf des Pfarrers gemünzt war, der sich aber auf Missionare aller Art übertragen lässt: „Die Mitarbeit in der Kirche ist für den Workaholic eine traumhafte Chance – so wie für den Säufer die Einheirat in eine Schnapsfabrik."

Albrecht Mahr

Mein Vater – mein Schicksal?

Oder: Von der Freiheit, Mann zu werden

Ich möchte zu der Fülle der Gesichtspunkte, die auf dieser Tagung zum Thema „Vater, Sohn und Männlichkeit“ zusammengetragen werden, einige Gedanken und Erfahrungen beisteuern, die ich in den letzten Jahren vor allem in Familienaufstellungen gewonnen habe. Familienaufstellungen sind eine von Bert Hellinger entwickelte Form der Gruppentherapie, die es ermöglicht, sehr weit reichende Einsichten in Leid verursachende Zusammenhänge und Möglichkeiten zu deren Lösung in Familien zu gewinnen. Zur Praxis: Ein Teilnehmer sucht aus der Gruppe Stellvertreter/innen für seine Familienmitglieder aus und stellt sie intuitiv im Raum in Beziehung zueinander auf. Ohne vorherige Informationen „wissen“ die Stellvertreter aus den eigenen körperlichen und emotionalen Reaktionen über die Verfassung dessen, den sie vertreten, sie werden zu Medien nicht-eigener Erfahrungen. Diese sog. repräsentierende Wahrnehmung ist von erstaunlicher Genauigkeit und Zuverlässigkeit und erlaubt es, im „wissenden Feld“ (A. Mahr) der Aufstellung oft überraschende neue Zusammenhänge und Lösungsperspektiven zu finden. Umfangreiche Literatur zu Aufstellungen findet sich im Verlag Carl-Auer-Systeme, Heidelberg.
Wie es so ist, wenn man einige Monate vor einem Referat ein Resümee seines Vortrags für das Programmheft schreibt – die Zeit vergeht und weitere Aspekte tauchen auf, in meinem Fall das Thema *Vater und Krieg*. So werde ich mich – mal mehr, mal weniger – an meinen eigenen Programmtext halten und dabei unser Thema „Vater, Sohn und Männlichkeit“ umkreisen und im Auge behalten.
Um die Frage meines Vortragstitels gleich zu beantworten: ja, mein Vater *ist* mein Schicksal – und ich will mit Ihnen nach Wegen suchen, uns dieser Tatsache so bewusst zu werden, dass wir schließlich daraus die Freiheit beziehen, ganz zu uns zu kommen, ganz Mann – und ganz Frau – zu werden.

Wie kann das gelingen? Nun, erinnern wir uns zunächst an die Erfahrung, dass nur die Anerkennung unserer Bindungen uns die Freiheit der Selbstfindung erlaubt und dass wir umgekehrt bei Leugnung unserer Bindungen lediglich die Freiheit haben, mit beiden Füßen fest in der Luft zu stehen. Von *familiären* Bindungen ist zunächst einmal die Rede. Familien sind Schicksalsgemeinschaften, in denen jeder alles mit jedem teilt, im Guten wie im Schlimmen, ganz unabhängig von unseren bewussten Einstellungen und Vorstellungen, und dies nicht nur, wenn die Familienmitglieder alle noch leben, sondern auch über den Tod hinaus und oft über viele Generationen. Und wie wir noch sehen werden, gibt es ein sanftes und zugleich machtvolles Mittel der Befreiung aus diesen Bindungen: die Zustimmung zu ihnen. Ablehnung und Kampf *„gegen"* binden uns eng und leidvoll, wie jeder von uns weiß. Erst Zustimmung lässt unsere Bindungen zu einer Qualität und zu einer Kraft werden und gibt uns den Spielraum, in dem wir zu uns kommen können.

Beispiel: Als mein Bruder bist du nicht behindert
Ein schwermütiger Mann, der ältere Bruder eines schwer behinderten Jungen, war oft wütend auf seinen jüngeren Bruder wegen der Mühen und Einschränkungen, die er mit seinen Behinderungen notgedrungen für alle mit sich brachte – und mit Anfang 40 wurde ihm zum ersten Mal klar, warum er als Jugendlicher möglichst bald ein gut verdienender Arzt werden wollte. Er wurde es, wobei er sich auf behinderte Kinder spezialisierte, so als habe er, neben seinem Zorn auf den Bruder, in seinem Herzen auch zu ihm gesagt: „Lieber Bruder, du hast mich tief berührt. Ich teile auf meine Weise mit dir, und das soll auch anderen zugute kommen. In deiner Seele, als mein Bruder bist du nicht behindert. Wenn mein Leben jetzt leichter und fröhlicher wird, dann bin ich von dir dazu ermutigt und winke dir gelegentlich zu." Als er in einer Familienaufstellung so zu seinem Bruder sprach, löste sich ein tiefer Schmerz und nach einiger Zeit fühlte er sich befreit und ruhig.
Wollen wir also lebendig verstehen, welche Kräfte in *Bruder, Vater, Sohn und Freund und Mann und Männlichkeit* wirken, müssen wir uns die tiefen Bindungen in unserer Familie und in größeren Gemeinschaften in ihren dunklen und in ihren lichten Wirkungen genauer anschauen. Dabei scheint das Thema *Vater, Krieg und Vaterentbehrung* eine besondere Bedeutung zu haben

„Das Drama der Vaterentbehrung"

Diesen Titel hat Horst Petri seinem kürzlich erschienenen Buch gegeben mit dem Untertitel „Chaos der Gefühle – Kräfte der Heilung". Vaterentbehrung – also der reale Vaterverlust durch Tod oder Trennung – erfüllt den Tatbestand eines schweren Traumas mit gravierenden Folgen: Vaterverlust in der Kindheit, je früher, desto einschneidender, führt zu seelischen und psychosomatischen Erkrankungen, Verhalten, Suizidgefährdung, Drogensucht und sozialem Scheitern durch Verwahrlosung, Gewaltneigung und Kriminalität. Diese mittlerweile vielfach belegten Zusammenhänge führten im Juni 1998 zu der bemerkenswerten Resolution 417 des US-Repräsentantenhauses, in der die Folgen zunehmender Vaterentbehrung durch drastische Zahlen belegt und als das „für die Schaffung eines besseren Amerikas" folgenschwerste Hindernis anerkannt wurden. In der Bundesrepublik finden wir nach Petri (174f) folgende Zahlen: ca. 1,65 Mio. minderjährige (d. h. bis 17-jährige) Kinder leiden unter Vaterentbehrung wegen Scheidung, Trennung, nicht ehelicher Geburt oder Tod des Vaters. Das sind ca. 8,5% aller Minderjährigen – mit deutlich steigender Tendenz. Vor allem weist Petri auf einen bisher wenig beachteten, aber entscheidenden Grund für die Vaterentbehrung hin. Als Alexander Mitscherlich 1963 sein berühmtes Buch „Auf dem Weg zur vaterlosen Gesellschaft" veröffentlichte, bezog er Vaterlosigkeit ausschließlich auf das „Verschwinden" und „Unsichtbarwerden" des Vaters auf Grund der industriellen Arbeitsbedingungen. Das reale Fehlen der Väter als Folge der beiden Weltkriege erwähnt Mitscherlich mit keinem Wort, wie auch vor ihm nicht Freud und Fromm, obwohl bekannt war, dass in diesem Jahrhundert kein Ereignis die normale Bevölkerungsentwicklung so nachhaltig unterbrochen hat wie diese beiden Weltkriege. Der Erste Weltkrieg kostete allein Deutschland 1,8 Millionen Soldaten das Leben und, so Petri, „hinterließ Heerscharen vaterloser Kinder, von denen die Jungen bei Ausbruch des Zweiten Weltkrieges im kriegstauglichen Mannesalter waren. Sie zogen in den Krieg, wurden wie ihre eigenen Väter getötet – 5,25 Millionen Soldaten im 2. WK – und hinterließen wieder eine diesmal ungleich größere Masse vaterberaubter Kinder. Diese Generation der kurz vor und in der Zeit von 1939 bis 1945 Geborenen ist heute zwischen 45 und etwa 65 Jahre alt." Und es war „diese vaterlose Nachkriegsgeneration, die der traditionellen Familie ideologisch und faktisch den ‚Krieg erklärte' und damit wiederum eine Kindergeneration gezeugt hat, von der große Teile ihre Väter, diesmal nicht durch einen militärischen, sondern durch den Krieg der Geschlechter verloren haben. Diese vaterverlassenen Kinder von Vätern ohne Väter stellen die heutige junge Vatergeneration dar." (Petri 178/9).

Traumata – ihre Wiederholung und Lösungsansätze

Dem Trauma des millionenfachen realen Vaterverlustes, der gewaltsamen Vernichtung von ca. 25% der Väter in den beiden Weltkriegen konnte sich Mitscherlich und seine Zeit noch nicht stellen, das Trauma musste geleugnet werden als lediglich symbolische Vaterabwesenheit, ganz ähnlich wie die Folgen des Holocaust zunächst nur durch Leugnung ertragbar schienen. Geleugnete Traumata aber erzwingen ihre Wiederholung in Gestalt ihrer Weitervermittlung über die Generationen. Diese transgenerationale Weitergabe von Traumata ist uns erst in den letzten 10 – 20 Jahren deutlicher ins Bewusstsein getreten als ein wesentliches Moment ethnischer und zwischenstaatlicher Konflikte.

Welche Macht über sehr lange Zeiträume unverarbeitete Traumata haben, soll das folgende Beispiel andeuten:

1981 scheiterte der Attentatsversuch des Mohammedaners Mehmet Ali Agca auf Papst Johannes Paul II. In einem Brief erklärte der Attentäter: „Ich habe mich entschlossen, Papst Johannes Paul II. zu töten, den obersten Feldherrn der Kreuzzüge." In der arabischen Welt bleiben die 8 Kreuzzüge zwischen 1096 und 1270 als ein schwerer aggressiver Akt des Christentums gegen den Islam gegenwärtig und können, wie im Beispiel des Papstattentates, noch nach mehr als 700 Jahren nach blindem Ausgleich drängen.

Es scheint erst jetzt langsam möglich zu werden, die Traumata der beiden Weltkriege und des Holocaust zu verarbeiten und so den transgenerationalen Wiederholungszwang aufzulösen. Erst in den letzten 10 Jahren tauchen vermehrt Untersuchungen und Behandlungsberichte zu diesem Thema auf, ähnlich wie die Themen Banken und NS-Zeit, Zwangsarbeiter-Entschädigung usw. erst in den letzten Jahren aktuell wurden.

Das spiegelt sich auch in Familienaufstellungen wider. Bis vor ca. 4 – 5 Jahren spielte das Thema Krieg, Täter-Opfer-Schicksale, Holocaust, Vertreibung und Heimatverlust in Aufstellungen eine untergeordnete Rolle. Unabgesprochen, zeitgleich und an verschiedenen Orten tauchten diese Themen dann mit zunehmender Dringlichkeit auf – teilweise bis an die Grenzen der Belastbarkeit der Beteiligten, wenn z. B. in 4-tägigen Aufstellungsseminaren buchstäblich jede Aufstellung mit Kriegsfolgen zu tun hatte.
Die Integration kollektiver Ereignisse solcher Art muss heranreifen und braucht seine Zeit. Wir müssen dabei offenbar mit 50 und mehr Jahren rechnen. In den USA scheint mit dem Ende des Vietnamkrieges vor 25 Jahren seine seelische Bewältigung noch lange nicht abgeschlossen zu sein – es sind „nur" ca. 55.000 gefallene US-Soldaten; ganz zu schweigen von der ungleich dramatischeren Situation in Vietnam selbst. Parallel zum nahezu zeitgleichen und ortsgleichen Miterleben gegenwärtiger Traumata (Ex-Jugoslawien, Uganda, Äthiopien/Eritrea …) tauchen auf vielen Gebieten theoretische und praktische Ansätze zur Bewältigung, Heilung und Prävention persönlicher und kollektiver Traumata auf.

Therapeutische Ansätze – Beispiel Familienaufstellungen

Seit Beginn meiner psychotherapeutischen Ausbildung vor 32 Jahren bin ich Zeuge einer enormen Entwicklung, ja Evolution der Psychotherapie geworden von der psychoanalytischen talking cure über eine Fülle von körper-, trance- und ausdrucksorientierten Verfahren bis hin zu subtil-energetischen, quantenphysikalisch begründeten, transpersonalen, spirituellen und in der letzten Zeit eben auch transgenerational und traumaorientierten Heilweisen. Das Problem mit dieser Entwicklung liegt, wie immer, in den Absolutheitsansprüchen der jeweiligen Ansätze, worauf der z. Zt. wohl profilierteste Evolutionstheoretiker Ken Wilber unermüdlich hinweist. Wenn wir uns aber Wilbers persönlichem Vorsatz anschließen, auf seinem Grabstein möge eines Tages stehen „He was true, but partial" (Er hatte Recht, aber nur teilweise), können wir in der Entwicklung der Psychotherapie das faszinierende Beispiel einer enormen Entwicklung des Bewusstseins im Sinne der Einbeziehung immer weiterer Zusammenhänge sehen. Es ist eine Entwicklung, die das jeweils Frühere bestätigt, einschließt und übersteigt, um in einem nie endenden Prozess alsbald selbst wieder Teil eines größeren Ganzen zu werden. Ich möchte diese enorme Evolution unserer Möglichkeiten zu Bewusstwerdung und Einsicht am Beispiel der Familienaufstellungen verdeutlichen und damit alsbald wieder zu unserem Thema der Väter zurückkehren.

Familienaufstellungen, praktiziert schon seit etwa zwanzig Jahren, sind vor sieben Jahren (1993) mit dem Erscheinen von „Zweierlei Glück" über Insiderkreise hinaus bekannt geworden. Bei einer fast begierigen Aufnahme im deutschsprachigen Raum wurden einige Besonderheiten und Merkwürdigkeiten von Aufstellungen wegen ihrer verblüffenden und immer wieder auch faszinierenden Wirksamkeit zunächst als selbstverständlich hingenommen. Erst in der letzten Zeit beginnen wir zu stutzen und uns wirklich zu wundern über das Herzstück der Aufstellungsarbeit: die stellvertretende oder repräsentierende Wahrnehmung – und wir werden sehen, dass dieses Phänomen für neue Lösungsmöglichkeiten mit unseren Vätern als unserem Schicksal viel zu tun hat.

Es ist ja schon erstaunlich genug, dass Stellvertreterinnen und Stellvertreter in Aufstellungen zu „Medien" werden und über noch lebende Familienangehörige ohne vorherige Information sehr weit reichende Zusammenhänge und Fakten „wissen" können, die u. U. in der Familie bisher unbekannt waren und sich erst bei nachherigem Nachforschen bestätigen. Noch erstaunlicher ist es, dass dieses Wissen sich auch auf längst gestorbene Familienangehörige bezieht, die der/die Aufstellende nie erlebt hat, oder gar um Menschen, die nicht verwandt sind, die aber in einem wichtigen Erlebens- und Schicksalszusammenhang mit der Familie stehen. Und schließlich können gar der Hof, die Firma, das Heimat- oder das Gastland, Symptome, die eigene Berufung und vieles mehr als geistig-energetische Einheiten nachempfunden und zum Ausdruck gebracht werden. Wie ist das alles mit einer immer wieder erstaunlichen Zuverlässigkeit, Einsichtstiefe und Sinnhaftigkeit möglich? Wir wissen es nicht, aber es ist alles andere als neu. Nur ein paar Stichworte dazu: Stellvertretende Wahrnehmung ist so alt wie die Menschheit selbst und spielt in vielen schamanischen und anderen traditionellen Heilungsritualen eine zentrale Rolle, Übertragung und Gegenübertragung in der Psychoanalyse (Freud sprach schon von einer „Kommunikation von Unbewusst zu Unbewusst"), Balint-Gruppen, Super-

vision, Beten als wissenschaftlich nachgewiesen wirksame Heilmaßnahme, Geistheilung im offiziellen englischen Gesundheitswesen, besondere Formen der therapeutischen Kinesiologie und der Hypnotherapie – all das sind Hinweise auf das Phänomen unserer tiefen Teilhabe aneinander in einem gemeinsamen Bewusstseinsraum.
Was nun Familienaufstellungen von anderen Therapieformen unterscheidet, ist, dass wir den wichtigen Personen nicht lediglich in unserer Phantasie, Imagination, im Rollenspiel oder projektiv in einer Übertragungsbeziehung begegnen, sondern „wirklich" im Sinne einer wirksamen Erfahrung, woran das Erleben in einer Aufstellung und seine konkreten Auswirkungen keinen Zweifel lassen. Dieser Tatbestand ermöglicht es uns, unsere bisherige Erfahrung z. B. mit unserem Vater und die innerseelischen Folgen dieser Erfahrung zu ergänzen und zu vervollständigen durch ein neues Bild, durch „die Lösung" und die ihr innewohnende Kraft zur Wandlung unserer Gefühle und unseres Handelns.
In den folgenden Beispielen aus Familienaufstellungen sollen vor allem Väter und Söhne zu Wort kommen, aber auch die beteiligten Frauen, Geschwister und Freunde. Dabei folgen die Beispiele fünf Naturgesetzlichkeiten oder systemischen Ordnungsprinzipien in ihren unbewussten und damit oft leidbringenden Wirkungen sowie in ihren bewussten und damit lösungs- und heilungsfördernden Aspekten. Es sind dies: die Vollständigkeit, die Teilhabe, die Jahrestage als Brücken zwischen dem Damals und dem Jetzt, die Gegenwärtigkeit der Toten und schließlich das Anerkennen und die Bekräftigung der Wirklichkeit im Ritual.

Das Prinzip der Vollständigkeit in Familien

In Familien sorgt ein Ganzheitsgewissen dafür, dass alle Mitglieder ihre Zugehörigkeit haben und behalten. Zugehörigkeit besteht nicht durch Leistung oder moralische Qualifikation, sondern einerseits durch Verwandtschaft und andererseits durch das gemeinsame Erleben tiefer Erfahrungen wie Liebe oder Krieg. Wird ein zur Familie Gehöriger ausgeklammert, verachtet oder vergessen, weil er oder sie als schlecht gilt (z. B. ein Alkoholiker, ein Straffälliger, eine Prostituierte), unwichtig erscheint (z. B. ein russischer Soldat, der dem Vater im Krieg das Leben gerettet hat) oder als ängstigend erlebt wird (z. B. ein früh gestorbenes Kind, das man sich böse und vorwurfsvoll vorstellt), dann muss ein anderes Familienmitglied den oder die Ausgeklammerte vertreten, sein Schicksal nachleben und nachfühlen und auf diese Weise den Ausgeschlossenen wieder einbeziehen.

Beispiel: Papa bleibt noch 54

Karl leidet seit seiner Kindheit an schweren Depressionen mit häufigen Suizidgedanken, und er möchte oft gar nicht da sein – was seine beiden kleinen Söhne z. B. in Gestalt von Angstzuständen sehr belastet. Der erstgeborene Bruder Max starb vor Karls Geburt im Alter von 1 Jahr an Meningitis. Er wird, wie das oft geschieht, nicht mitgezählt und auf diese Weise ausgeschlossen, so dass Karl sich als das erste Kind zählt und sein jüngerer Bruder Friedrich als das zweite. Fast beschwörend werden die Brüder von den Eltern „Karl der Große" und „Kaiser Friedrich" genannt. Karls Seele aber lässt es nicht zu, dass er seinem Bruder seinen Platz als erstgeborenes Kind und seine Zugehörigkeit nimmt: Karls Depressionen und seine Selbstmordneigung erweisen sich nun als sein Versuch, so wie sein ausgeschlossener Bruder zu fühlen, auf diese Weise an ihn zu erinnern und für die Vollständigkeit seiner Familie zu sorgen.

Aus dieser unbewussten, dunklen Lösung kann eine bewusste, lichte Lösung werden, als der kleine Max wirklich gesehen wird: er ist ohne jeden Vorwurf und ganz einverstanden mit seinem Schicksal. Sein innigster Wunsch ist es, einfach zu dieser Familie gehören zu dürfen und nicht die Quelle von Schuldgefühlen und Schwermut zu sein, sondern von Lebensfreude und Zuversicht. Karl ist nach dieser Erfahrung sehr erleichtert und er entwickelt in den folgenden Tagen eine ansteckende Fröhlichkeit und Herzlichkeit. Er erzählt seinen beiden kleinen Söhnen erstmals von ihrem Onkel Max und wie gerne er seine beiden Neffen segne. Die beiden Buben entlastet das sehr, sie sind unbekümmerter und ganz ungewöhnlich schmusig mit ihrem Papa, wie Karl später in einem Brief schreibt. Der Jüngere kommt in der Zeit einmal nachts zu ihm ins Bett gekrabbelt und murmelt im Halbschlaf: „Papa, bleibst du noch 54?", und Karl konnte ihm vollen Herzens antworten: „Ja, mein Kleiner, Papa bleibt noch 54 Jahre" – er wäre dann 108!

Vielleicht können wir uns vorstellen, welche Entlastung es für Karls kleine Söhne und später für sie als Männer bedeutet, mit einem Vater ohne den Schatten von Depression und Todessehnsucht aufzuwachsen. Wir sehen an diesem Beispiel etwas Entscheidendes für die Lösung von traumatischen Belastungen von Vätern und Söhnen und in Familien allgemein: die Einbeziehung der Gestorbenen als die entscheidenden Helfer für uns Lebende. Ich komme darauf noch zurück, aber ich möchte Sie bitten, das auch in den folgenden Beispielen einmal zu hören und zu sehen.

Erinnern wir uns: Kinder wissen auf ihre Weise alles. Uns konnten unsere Eltern nichts vorenthalten, genauso wenig, wie uns das bei unseren Kindern gelingt. Kinder haben Angst, wenn sie spüren, dass Eltern fortwollen oder gefährdet sind oder dass jemand fehlt. Sie weisen oft körperlich auf ihre Beunruhigung und auf das Ausgeschlossene hin und versuchen in ihrer Sprache für Ganzheit und Vollständigkeit zu sorgen. So hörte ich kürzlich von einem 11-jährigen türkischen Hauptschüler, der immer wieder in anfallsartige Ausnahmezustände geriet, in denen er ganz bleich und unsteuerbar hyperaktiv wurde, die Haare standen ihm regelrecht zu Berge, er schrie, warf mit Stühlen und brach schließlich zusammen, umfasste mit beiden Händen seinen Kopf und klagte über schreckliche Spannungen. So „wusste" er von 2 Geschwistern seines Vaters, die 5 Jahre vor seiner Geburt beide innerhalb eines Jahres gestorben waren und von denen der Junge noch nie gehört hatte. Die Schwester des Vaters, seine Tante, starb an einem Gehirnaneurisma. Der Bruder des Vaters, sein Onkel, starb bei einem epileptischen Anfall. Die Beschwerden des Jungen verschwanden innerhalb eines halben Jahres vollständig, nachdem der Vater von seinen toten Geschwistern und von seiner Trauer um sie erzählt und mit seinem Sohn zusammen schön gerahmte Bilder für Onkel und Tante aufgehängt hatte. Wir können wohl unmittelbar nachvollziehen, welche zentrale Bedeutung dieses Vollständigwerden seiner Vaterfamilie für die heranwachsende Männlichkeit des Jungen hatte und haben wird.

Kinder tun aus Liebe zu ihren Angehörigen alles: sie erkranken schwer, werden zu Verbrechern oder bringen sich sogar um, wenn sie ihre Eltern damit entlasten oder ihnen nahe und wie sie sein können. Zum Verständnis der in *Vater, Sohn und Männlichkeit* wirkenden Kräfte tun wir gut daran, dieser tiefen ursprünglichen Bindungsliebe des Kindes zu seinen Eltern größte Achtung und Beachtung entgegenzubringen, gerade auch dann, wenn sie sich auf leidvolle und scheinbar verrückte Weise äußert. Tragfähige Lösungen lassen sich nur finden, wenn diese Liebe als tiefstes Motiv auch in abstoßendem und schlimmem Verhalten gewürdigt wird und dann nach Wegen gesucht wird, wie sich die gleiche Liebe in einer für alle Beteiligten besseren Weise ausdrücken kann. Und ich möchte Sie wie zuvor schon bei den Gestorbenen bitten: hören und sehen Sie diese Liebe auch in allen weiteren Beispielen immer mit, auch wenn ich sie nicht jedes Mal ausdrücklich erwähne.

Das Prinzip der Teilhabe in Familien

In Familien ist es unmöglich, *nicht* teilzuhaben aneinander. Jeder Versuch, das zu leugnen, schlägt unweigerlich fehl. Ein Mann klagte kürzlich über seine unkontrollierbaren Jähzornsausbrüche und das dadurch heraufbeschworene Auseinanderbrechen seiner Familie. Er hatte vor Jahren mit seinem Vater gebrochen mit dem Entschluss: „So unkontrollierbar jähzornig wie er werde ich nie!" Jeder von uns kennt diese irritierende tiefe Teilhabe gerade an dem, was wir ablehnen. Ob es uns gefällt oder nicht, ob es mit unseren bewussten Vorstellungen und Wünschen übereinstimmt oder nicht, wir haben innig teil am Schicksal unserer Nächsten, im Guten wie im Schlimmen. Einige Beispiele sollen diesen eigentlich zutiefst natürlichen, aber eben oft auch belastenden Sachverhalt deutlich machen.

Beispiel: Vater, ich bezahle für dich – und gleiche dir
Gernot ist vielfach vorbestraft und sitzt jetzt für mehrere Jahre in Haft wegen erneuter Einbrüche. Sein Vater war Nationalsozialist in hoher verantwortlicher Stellung und wurde kurz vor Kriegsende, wenige Monate vor der Geburt seines Sohnes von Partisanen ermordet. Der Vater war durch seine hohe Stellung über lange Zeit in der Lage, sich am Eigentum von Vertriebenen zu bereichern. Gernot nun bezeichnet sich als „Gewohnheitseinbrecher" und beschreibt damit den Druck der Schulddynamik, unter dem er steht: Er sühnt für die Schuld des Vaters, indem er sich selbst ständig unrechtmäßig bereichert und dafür bestraft wird.
Noch etwas Merkwürdiges ist hier wirksam: Tief in unserer Kinderseele suchen wir nach unseren Eltern, wenn wir, wie Gernot, nicht mit ihnen leben konnten. Unsere Kinderseele will nicht urteilen und ausschließen, sondern zustimmen und teilhaben. Wir werden Gernot in seiner gewiss schwierigen Lage besser gerecht, wenn wir ihn auch als den kleinen Sohn zu seinem Vater sagen hören: „Papa,

ich stimme dir zu, so wie du bist. Ich stelle mich an deine Seite und bin wie du." Wenn auch dieser Ausdruck seiner Kinderliebe sein darf, mag es Gernot eines Tages leichter fallen, seine dunkle Teilhabe am Schicksal des Vaters ausklingen zu lassen. So wie es sein Körper schon tut, wenn Gernot sagt: „Meine Körperkräfte und die Geschicklichkeit haben in letzter Zeit immer mehr nachgelassen. Ich bin müde geworden mit der Einbrecherei."

Wo sehr schwere Schuld verübt und nicht ausgeglichen wurde, wie bei schweren Gewalttaten, bei Mord oder Genozid, haben die Nachfahren an der Teilhabe vielleicht am schwersten zu leiden. Wir begegnen diesem Leiden in vielerlei Gestalt, nicht zuletzt im Drogenmissbrauch als einer Form unbewusster Sühne, wie folgendes Beispiel erläutert.

Beispiel: Wenn ich euch wirklich sehe ...

Der bis vor kurzem heroinabhängige Bernd konnte in einer ersten Aufstellung eine gute Lösung mit seinem Vater finden. Er hatte sich als Opfer seines oft betrunkenen, gefühlskalten und gewalttätigen Vaters gefühlt, dann als Richter, der seinen Vater verfolgt, anklagt und zur Strecke bringt (father hunting), und schließlich versucht, sich als vaterlos zu erklären, um sich sozusagen aus nichts selbst neu zu schaffen. All das war schließlich kläglich gescheitert. Er konnte all diese Versuche in der Aufstellung noch einmal fallen lassen und zu einem Vater finden, der ursprünglich gute Absichten gehabt hatte, seinerseits gescheitert war, sein Herz verschlossen hatte und sich nun dem Suchen seines Sohnes nach ihm, dem Vater, öffnen konnte.

Nach einem halben Jahr stellte Bernd fest, dass trotz anhaltender Entlastung der Beziehung zum Vater etwas Tieferliegendes noch nicht gelöst war. Er war weiter suizidal, hielt sich anhaltend für extrem drogengefährdet, sah keinen Sinn und musste alles Gute in seinem Leben wie unter Zwang immer wieder kaputtmachen. So als müsse er für eine schwere Schuld sühnen, die aber in seinem eigenen Leben nicht zu finden war. Auf der Suche nach der Quelle dieser Schuld kam Bernd schließlich auf seinen Großvater mütterlicherseits, der bei der Waffen-SS war und Ende der siebziger Jahre in hohem Alter starb. Als er diesen Großvater erwähnte, war er sofort heftig bewegt, weinte und wand sich wie unter Qualen. Die Situation wurde für Bernd fast unerträglich, als er in der Aufstellung Opfer der Nazi-Zeit sah, die im Zusammenhang mit dem Großvater standen – sei es, dass dieser an ihrem Tod beteiligt war oder davon gewusst hat. Bernd weinte heftig, schlug sich die Hände vors Gesicht und musste sich abwenden. Der Großvater war sehr betroffen und fand erst Ruhe und Erleichterung, als er sich zu den Toten, zu den Opfern legen konnte. Bernd nahm das wahr und konnte sich etwas beruhigen. Er konnte schließlich den Toten und dem bei ihnen stehenden Großvater gegenüberstehen, die Belastungen des Großvaters bei diesem lassen und anerkennen, dass er, Bernd, nicht stellvertretend für ihn sühnen kann. Die Toten wollten das auch nicht. Als Bernd sagen konnte „Wenn ich euch wirklich sehe …", waren sie erleichtert, Bernd ihr Wohlwollen dafür geben zu können, dass er sie von nun an auf bessere Weise ehrt als durch Drogenabhängigkeit und Scheitern im Leben: dass er sie ehrt durch sein Wohlergehen. Und der Großvater segnete Bernd, seinen Enkel dafür, eine befreiende Geste für beide.

Die blinde Teilhabe an der Schuld unserer Vorfahren, die Identifizierung mit den Opfern und das daraus folgende Leiden – bei uns vor allem als ein Erbe des Dritten Reiches – ist wohl viel verbreiteter, als wir bisher annehmen mochten. Zudem scheinen erst jetzt mit dem Abstand von über 50 Jahren Lösungsmöglichkeiten in unser Bewusstsein zu treten. Diese gehen – wieder – von den Toten aus, wenn wir sie nicht verzerrt durch unsere archaischen Vorstellungen von Rache und Vergeltung wahrnehmen, sondern so, wie sie in der Tiefe wirklich sind: klar, wohl wollend und gemeinsam mit den Tätern aufgehoben in etwas Größerem, das sich unserem begrifflichen Verstehen entzieht. Im Namen *dieser* Toten zu sühnen oder weiter zu morden ist zutiefst unsinnig, ein Gefühl, das wir bei vielen ethnischen Konflikten immer wieder erleben.

Eine Wurzel ethnischer Konflikte und Grausamkeiten liegt in der Teilhabe, die nicht nur in Familien, sondern auch in ethnischen Gruppen und Nationen gilt. Ganz ähnlich wie das Kind einer früh gestorbenen Mutter überzeugt ist, es sollte der Mutter folgen und auch sterben, weil die Mutter so am besten getröstet werde, so meinen Angehörige oder Nachfahren von politisch verfolgten und ermordeten Menschen, sie sollten sich der Toten würdig erweisen und ihr eigenes Leben und das ihrer Kinder hingeben in Opfer und Vergeltung. Diese dunkle, archaische Teilhabe am Schicksal der Familie oder der ethnischen Gruppe ist blind, und das heißt vor allem: diejenigen, in deren Namen Selbsthingabe oder Rache geübt wird, die Gestorbenen, werden nicht gesehen. Würden sie aber gesehen, so wäre das der Beginn der lichten Teilhabe, die etwas ganz anderes als

Mord und Selbstmord von uns verlangt, nämlich unseren Geist und unser Herz sich ausweiten zu lassen bis zu jenem Bereich, in dem Täter und Opfer aufgehoben und befriedet und die Lebenden vom Druck blinder Sühne befreit sind.

Es ist die gleiche Lösung, der gleiche Wandel von blinder zu bewusster, sehender Zuständigkeit, die der Prophet Jeremia vor etwa 2500 Jahren dem Volk Israel vorausgesagt hatte (31,29): „In jenen Tagen wird man nicht mehr sagen: Die Väter haben saure Trauben gegessen, und den Kindern werden die Zähne stumpf. Sondern jeder wird nur um seiner eigenen Schuld willen sterben; nur dem, der die sauren Trauben isst, dem werden die eigenen Zähne stumpf."

Wie könnte so etwas im Sinne eines heilsamen Bildes heute aussehen? Stellen Sie sich vor, die führenden Vertreter der verfeindeten Jugoslawen und Albaner kämen an einem Verhandlungsort zusammen, nachdem ihnen zugesichert wurde, dass sie einmal noch alle jene Toten sehen und befragen könnten, für deren Ehre sie heute töten und sich auch töten lassen. Angefangen beim Führer der Serben, Prinz Lazar, der am 28. Juni 1389 gegen Sultan Murat I. auf dem Kosovo, dem Amselfeld unterlag. Und es wären anwesend Vertreter und Vertreterinnen all der Opfer wie der Täter auf christlicher und auf islamischer Seite durch all die Jahrhunderte bis hin zu den Hunderttausenden der letzten zehn Jahre. Sie alle säßen zusammen in einem großen Rat der Vorfahren und gäben Antwort auf die Fragen ihrer Nachfahren, wie sie denn heute handeln sollen, um ihnen, ihren Ahnen gerecht zu werden. Ich bin mir sicher, dass die Lebenden von den Toten enttäuscht würden, d. h. ihre Täuschungen darüber aufgeben müssten, womit die Toten am besten geehrt werden. Wenn wir ihr Schicksal als Begründung für weiteres Leid missbrauchen, dann war ihr Sterben sinnlos. Wenn aber gesehen würde, wie Täter und Opfer beider Seiten ein gemeinsames Schicksal teilen und wie ihr Leben und Sterben zu einer tiefen Quelle von Mitgefühl, Weisheit und Kraft zum Guten in unserem Leben wird, könnte aus einem Teufelskreis vielleicht ein Engelskreis werden, wo Gutes mehr Gutes stiftet.

Das Prinzip der Jahrestage als Brücken zwischen Damals und Jetzt

Jahrestage sind Pforten, durch die sich die Energie weit zurückliegender, unbefriedeter Ereignisse in die Gegenwart hinein übertragen kann. Die Leiden und Symptome in den bisher geschilderten Beispielen traten häufig zu einem typischen und bedeutsamen Zeitpunkt auf, der eine Zeitbrücke zwischen dem Damals und dem Jetzt herstellt. Auf diese Zusammenhänge weist vor allem die französische Forscherin Anne-Ancelin Schützenberger hin und kommt dabei immer wieder zu erstaunlichen Ergebnissen.

Beispiel: Der 24. April
Ein 4-jähriger Bub litt seit seiner Geburt an nächtlichen Angstanfällen verbunden mit schwerer Atemnot, die ihn regelmäßig hustend und schreiend erwachen ließ. Er malte nächtliche „Monster", die ihn angriffen, und gab dabei ein recht genaues Abbild der Gasmasken, wie sie im 1. Weltkrieg von den Deutschen bei ihren Giftgasangriffen auf Ypres und Verdun verwendet wurden. Ohne dass der kleine Bub jemals davon gehört hatte, waren der Urgroßvater und vor allem sein Urgroßonkel mütterlicherseits am 24. April 1915 schwer verletzt worden. Das Geburtsdatum des Jungen war der 24. April 1991. Nach sorgfältiger Aufklärung dieser Zusammenhänge und einer nachgeholten Würdigung der betroffenen Vorfahren verschwanden die Beschwerden des Jungen vollständig und dauerhaft.

Beispiel: Das Versehen
1993 starb der Schauspieler Brandon Lee bei Dreharbeiten zu „The Crow", weil eine auf ihn abgefeuerte Pistole versehentlich scharf geladen war. 20 Jahre zuvor war sein Vater zum exakt gleichen Zeitpunkt bei Dreharbeiten zu „Jeu de la Mort" auf genau die gleiche Weise umgekommen.

Beispiel: Das Vergessen
Ein Mann erlitt 29-jährig im August einen Drachenflugunfall mit der Folge einer Querschnittslähmung. Sein Vater war im Krieg als Zwangsarbeiter in eine Gießerei deportiert worden und erlitt dort 29-jährig im August nach einem schweren Unfall eine Querschnittslähmung. Der Sohn hatte diese Ereignis vollkommen „vergessen".

In einem anderen Fall dieses sog. Jahrestagssyndroms konnten drei Vorfahren, die in der Französischen Revolution 1793 durch die Guillotine den Tod fanden, mit Hilfe computergestützter Ahnenforschung als die entscheidenden Helfer zur Genesung einer schwer kranken Frau ausfindig gemacht werden. Diese auf der wissenschaftlichen Biografik basierende transgenerationale Psychotherapie, die sich als wesentliches Erkenntnisinstrument eines detailliert ausgearbeiteten Genosoziogramms bedient, beginnt eben erst, im deutschsprachigen Raum bekannt zu werden. Ich glaube, dass es sich für unsere Arbeit und für uns persönlich sehr lohnt, sich mit den Grundzügen der Jahrestags-Dynamik und dem dazu vorliegenden reichen Erfahrungswissen vertraut zu machen.
Wir alle sind zu bestimmten Zeiten besonders empfindlich und empfänglich für seelisches und körperliches Leiden, périodes de fragilisation, Anfälligkeitsperioden nennt Frau Schützenberger das, und oft sind das Zeiten, an denen Vorfahren Belastendes wie Verlust, Krankheit oder Tod erlitten haben und wir unter dem unbewussten Druck von Teilhabe und Ausgleich stehen. So fand man an den chirurgischen Universitätskliniken von Brest in Frankreich und von Sherbrooke in Kanada, dass Patienten überzufällig häufig ihre Operationstermine unbewusst auf bedeutsame Jahrestage legten, die z. B. mit dem Todestag von nahen Angehörigen zusammenfielen. Die Folge waren große Angst der Patienten vor dem Eingriff und schwerere postoperative Verläufe. Daraufhin wurden mit Hilfe eines verkürzten Genosoziogramms systemisch unbelastete OP-Termine festgelegt mit der Folge eines Rückgangs postoperativer Komplikationen und des postoperativen Verbrauchs von Schmerzmitteln jeweils um 50%.
Ich habe die jetzt 80-jährige Frau Schützenberger kürzlich auf einer Fachtagung zum Familienstellen mit Klienten arbeiten sehen und war sehr beeindruckt, wie sie ihre auf den ersten Blick vielleicht trocken oder mühsam erscheinende Datenerhebung mit Kraft, mit Leben und vor allem mit Herz erfüllt. Das wird möglich durch die Einbeziehung der wichtigen Toten und durch ein heilsames Ritual – davon möchte ich nun zum Schluss noch sprechen.

Das Prinzip von der Gegenwärtigkeit der Toten, oder: Wie Lebende und Tote einander heilen können

„Die Toten sind unsichtbar, sie sind nicht abwesend." Wer lange genug und mit offenem Herzen andere Menschen in ihren Schicksalen begleitet hat, der kann diese Worte von Augustinus nur bestätigt finden: Die Toten sind unsichtbar *und* sie sind da, wenn wir ihrer bedürfen oder wenn sie unser bedürfen. Wir können uns an sie wenden, sie anrufen oder auf ihre Anliegen antworten, wir können mit ihnen lösen, was zu Lebzeiten offen geblieben ist. Wir können mit ihrer Hilfe endlich Frieden mit unseren Nächsten schließen und ihnen zum Frieden verhelfen etwa dann, wenn sie selbst unruhig und unerlöst geblieben sind, weil sie in einer verwirrten Geistesverfassung, im Krieg, bei plötzlichem Unfall oder unter Drogen gestorben sind. Und wir können mit ihnen schwere Schuld in der Tiefe anschauen, so dass Täter, Opfer und unbeteiligte Nachfahren jeweils ihren Anteil an sich nehmen und einander freigeben können.

Beispiel: Der Krieg ist längst vorbei

Heinrich fühlte sich immer wieder gefangen, gelähmt und vollkommen blockiert in seiner Männlichkeit gegenüber kraftvoll auftretenden Männern. Er hat einen jüngeren Bruder, und sein Vater fiel bei Stalingrad, als Heinrich 6 Jahre alt war. Als das Fortgehen und Sterben des Vaters in der Aufstellung nachvollzogen wurde, erlebte der Stellvertreter des Vaters als dessen „Medium" diesen Vorgang intensiv nach: „Endlose Schneeweiten, tief drinstecken mit dem ganzen Körper, Kälte, hoffnungslos … was ist mit den anderen da unten? … Dieser schwarze Tunnel da vor mir … Angst … schwarz … bitte, wo seid ihr denn!?", was seiner Frau und seinen Kindern galt. In diesem Moment trat Heinrich an seine rechte Seite, umfasste ihn und leistete ihm Beistand. Der Vater war sehr erleichtert und er war verwirrt. Er wusste nicht, was geschehen war, und konnte nicht begreifen, dass er tot war, dass er das Leben mit seinen Nächsten nicht mehr teilen konnte und dass sein Wunsch nach Frau und Kindern einen ängstigenden Sog auf diese ausübte, sodass sie alle von Selbstmordgedanken belastet waren.

Heinrich erklärte nun seinem Vater nach besten Kräften Schritt für Schritt bis in die Gegenwart hinein, was geschehen war, bis der Vater klar wurde, die Grenze zwischen Lebenden und Toten erleichtert wahr-

nehmen und sich voller Wohlwollen, ja Heiterkeit zurückziehen konnte. Die Feststellung „Der Krieg ist längst vorbei" entlastete ihn und Heinrich gleichermaßen. Heinrich gewann noch einmal sehr bewegend Einblick in seine Kinderängste, dass er den Tod seines Vaters womöglich verursacht hätte. Und er konnte nun das seinem Vater bei dessen letzten Fronturlaub gegebene Versprechen „Ich bleibe immer brav, Papa!" feierlich und entschlossen aufkündigen – mit großem, zuversichtlichem Herzklopfen und der fernen Erinnerung an eine deftige Fröhlichkeit, die er an seinem Vater so gemocht hatte.

Und wieder können wir uns vorstellen, welchen Zustrom an männlicher Kraft diese Erfahrung für Heinrich bedeuten kann: die Kraft als Sohn mit dem Vater, als Mann mit anderen Männern, als Mann mit Frauen, als Bruder für die Geschwister, als Vater und als männlicher Freund. Diese Wirkung allerdings wird Heinrich nicht in den Schoß fallen. Sie kann sich im Lauf der Zeit einstellen, wenn er sich die Lösung zu Herzen nimmt und beherzt danach handelt.

Lösungen in Aufstellungen beziehen ihre Kraft zum einen aus der Zustimmung zur Wirklichkeit, wie sie ist. Der Wandel vom „das darf doch nicht wahr sein" zum „so ist es" ist erlösend, wenn auch manchmal schmerzlich, und er befreit Heilungskräfte aus ihren erschöpfenden Verstrickungen. Diese Zustimmung befreit aber auch unser Herz, und so gründen Lösungen zum anderen auf tiefer Liebe – zu unseren Nächsten und zum Leben, an dem wir durch sie und mit ihnen teilhaben. „Aufstellungen sind doch eigentlich ein Gebet", sagte kürzlich eine Freundin. Ich glaube, sie hat Recht, und möchte hinzufügen: Lösungen sind wie ein Gebet, ein heilsames und liebevolles Bild, in das wir uns selbst und die anderen einschließen. Sich nach einer Aufstellung das lösende Bild immer wieder seelisch und körperlich zu vergegenwärtigen, ist beten. „Prayerfulness" (etwa: Gebethaftigkeit) nennt Larry Dossey in seinem Buch „Heilende Worte" diese Ausrichtung, womöglich die wirksamste Möglichkeit, uns Lösungen zu Herzen zu nehmen.

Von all dem haben wir in den vorangehenden Beispielen jedenfalls in Andeutungen gehört. Und vielleicht ist dabei auch deutlich geworden, dass Lösungen dann die größte Kraft entfalten, wenn sie nicht beiläufig oder zufällig aufgenommen werden, sondern wenn sie sehr bewusst in einem Ritual gute Gestalt gewinnen. Das Wort Ritus leitet sich aus dem altindischen „rtá" ab, das u. a. für „Wahrheit" steht. So ist ein Ritual das bewusste, mit ganzem Herzen und

ganzem Körper vollzogene Anerkennen der Wahrheit, wie sie sich uns jetzt zeigt.
In Aufstellungen sind Rituale natürliche Bewegungen, und oft geschehen sie von selbst als das nahe Liegende und Einfache, das sie ja im Grunde sind: eine Verneigung vor jemandem, der ein schweres Schicksal hatte; das Niederknien vor einem anderen, dem ich schweres Unrecht getan habe; das Anerkennen und liebevolle Einbeziehen von Vergessenen; die Bitte um Wohlwollen und um Segen von Eltern oder anderen Vorfahren; das nicht urteilende Zurückgeben übernommener Lasten an deren rechtmäßige Eigentümer oder das sich Zurückziehen auf den eigenen Platz in der Familie als Kind und Geschwister, um nur einige rituelle, d. h. die Wahrheit bekräftigende Schritte zu nennen. So lassen Sie mich mit zwei Hinweisen auf heilsame Rituale schließen.

Beispiel: Die männlichen Vorfahren
Als Männer stoßen wir immer wieder auf den Zusammenhang zwischen männlicher Kraft und der Achtung unserer männlichen Vorfahren (Entsprechendes gilt für unsere weiblichen Vorfahren). Umgekehrt ist auffallende Schwäche und männliche Kraftlosigkeit oft begründet in Ablehnung und Verachtung unseren männlichen Vorfahren, zuvorderst unserem Vater gegenüber. Wenn es uns dann gelingt, den Vater in seinem eigenen Schicksal, in seinen Verstrickungen, in seinen Hoffnungen und guten Absichten und auch in seinem Scheitern und in seiner Schuld zu achten, wenn wir die Überzeugung, Opfer zu sein, nach langem frustrierenden Hadern schließlich fallen lassen ebenso wie Selbstmitleid und Entschädigungsforderungen, und wenn wir schließlich das schmerzliche Bedauern des Vaters und sein Wohlwollen für unser Leben wahrnehmen, dann kann es auch gelingen, dass wir uns einreihen bei unseren männlichen Ahnen, hinter uns unser Vater, dahinter unser Großvater, Urgroßvater und so fort – eine lange Männer-Reihe, die das von weit her kommende Leben aufnimmt, nach vorne fließen lässt bis zum Vater und durch diesen zum Sohn. Und es kann sein, dass diese Männer-Ahnenreihe sanft zu schwingen und sogar tief zu summen beginnt im Weitergeben der Lebenswoge von Vätern zu Söhnen zu Enkeln und uns die Ahnung von einer Kraftquelle vermittelt, die zunimmt, je mehr wir von ihr nehmen.

Beispiel: Hier bin ich

Ein Freund erzählte mir kürzlich von seiner Praxis, Unterstützung von seinen Vorfahren zu erbitten: „Wenn ich nicht weiterweiß oder vor einer schwierigen Aufgabe stehe, gehe ich zu meinen Ahnen und stelle mir vor, sie in einem großen Amphitheater zu finden. Ich stehe ganz unten auf der halbrunden Bühne, und dort sind sie alle: ganz vorne die Gestorbenen, die ich noch kenne, je nachdem die Eltern, Geschwister, Großeltern, Urgroßeltern. Und dann weiter hinten all die, von denen ich gehört habe, und dann bis oben hinauf all die, die vor mir waren, und denen ich mein Dasein verdanke. ‚Hier bin ich, der Thomas', sage ich dann, ‚euer Sohn, Enkel, Urenkel, euer Nachfahre. Ich bin später als ihr dazugekommen und unter euch der Kleinste. Bitte hört mich an. Ich komme nicht zurecht (im Beruf, in der Ehe, mit einer bevorstehenden Aufgabe …), und ich erbitte eure Unterstützung, eure Hilfe, euren Rat. Bitte.' Für ein paar Momente schaue ich noch zu ihnen, dann drehe ich mich um in meine Lebensrichtung und warte, bis ich sie alle hinter mir weiß und sie gut im Rücken spüre. Sie antworten und helfen mir immer auf ganz unterschiedliche und manchmal unerwartete Weise. Nicht immer schmeichelhaft für mich. Oft sehr ermutigend."

Literaturhinweise

Albrecht Mahr: Die Weisheit kommt nicht zu den Faulen – Von Geführtwerden und Technik beim Familienstellen. In: Gunthard Weber (Hrsg.): Praxis des Familienstellens. Carl-Auer-Systeme-Verlag, Heidelberg 1998

Albrecht Mahr: Ein Plädoyer fürs Innehalten. Familienaufstellungen bei Trennung und Scheidung. In: Armin Beuscher (Hrsg.): Gewagtes Glück. Neues Buch Verlag, Nidderau 1998

Albrecht Mahr: Das Wissende Feld – Familienaufstellungen als geistig-energetisches Heilen. In: Harald Wiesendanger (Hrsg.): Geistiges Heilen – Vom „Wunderheilen" zur ganzheitlichen Medizin. Kösel-Verlag, München 1999

Albrecht Mahr: Familienaufstellungen: Wie Lebende und Tote einander heilen können. In: Praxis der Systemaufstellungen, Heft 1/99

Gunthard Weber (Hrsg.): Zweierlei Glück. Die Systemische Psychotherapie Bert Hellingers. Carl-Auer-Systeme-Verlag, Heidelberg 1993

Bert Hellinger: Ordnungen der Liebe. Carl-Auer-Systeme-Verlag, Heidelberg 1994

Bert Hellinger: Anerkennen was ist. Kösel Verlag, München 1996

Larry Dossey: Heilende Worte. Die Kraft der Gebete und die Macht der Medizin. Martin Verlag. Südergellersen 1995

Horst Petri: Das Drama der Vaterentbehrung. Chaos der Gefühle – Kräfte der Heilung. Herder Verlag, Freiburg 1999

Anne-Ancelin Schützenberger: Aïe, mes aïeux [Oh je, meine Ahnen!]. Desclée de Brouwer/ La Méridienne. Paris 1993. Englische Ausgabe: The Ancestor Syndrome. Routledge, London 1998. Deutsche Übersetzung in Vorbereitung.

Wassilios E. Fthenakis

Die Rolle des Vaters

Forschungsergebnisse und Perspektiven für eine neue Familienpolitik

Vaterschaft als Forschungsgegenstand

Unmittelbar nach dem Zweiten Weltkrieg entwickelte sich ein vermehrtes Interesse für die Rolle des Vaters. Den äußeren Anlass bot die kriegsbedingte Abwesenheit vieler Väter. Bis Ende der 60er Jahre befasste sich die Forschung mit dem Vater vor allem dann, wenn er nicht verfügbar war oder eine Gefahr für seine Kinder darstellte. Erst ab diesem Zeitpunkt wurden Studien durchgeführt, die die Vater-Kind-Beziehung direkt untersuchten. Im Mittelpunkt des Interesses standen Fragen nach der Beteiligung des Vaters an haushalts- und kindbezogenen Aufgaben sowie nach der Qualität der Vater-Kind-Beziehung[1].
Erst ab Ende der 70er und zu Beginn der 80er Jahre wurde der Vater als Mitglied des Familiensystems betrachtet. Die Bedeutung des Vaters wurde nunmehr in triadischen und komplexeren Zusammenhängen untersucht. Untersuchungen dieser Art eröffneten die Möglichkeit, Vaterschaft und insbesondere die Vater-Kind-Beziehung bei veränderten Formen familialer Organisation zu analysieren. Studien zu nicht sorgeberechtigten bzw. zu allein erziehenden Vätern und zu Stiefvätern stellen seither bevorzugte Felder der Vaterforschung dar[2]. Ein besonderer Stellenwert kam Arbeiten zur Vaterrolle zu, die aus einer feministisch-kritischen Perspektive motiviert wurden[3], bzw. solchen, die auf die kontextuelle Abhängigkeit der Vaterrolle hinwiesen und (arbeits-)politische Konsequenzen forderten[4]. Ferner gilt seit dieser Zeit das Interesse Vätern aus verschiedenen kulturellen bzw. ethnischen Gruppen und nicht zuletzt homosexuellen Vätern[5].
Seit Beginn der 90er Jahre fokussiert die Vaterforschung, nunmehr als integrierter Bestandteil der Familienforschung, auf neue Fra-

gestellungen, wie z. B. auf die Entwicklung und Veränderung des Vaterschaftskonzeptes im Familienentwicklungsprozess, auf die Frage nach den mittel- und langfristigen Auswirkungen des Vaters auf die Entwicklung junger Erwachsener[6]. Sie interessiert sich ferner für die kontextuellen Faktoren, die Vaterschaft beeinflussen[7], und sie hinterfragt eine bislang weit verbreitete instrumentelle Definition der Vaterrolle[8]. Die Frage nach der Partizipation des Vaters an haushalts- und kindbezogenen Aufgaben hat in den letzten Jahren erneut an Interesse gewonnen[9] und es wird der Versuch unternommen, Vaterschaft (wie auch Mutterschaft) neu zu konzeptualisieren.
Aus der Vielzahl der Problemstellungen der Vaterforschung wird hier auf vier eingegangen, um einige Anregungen für politisches Handeln zu geben. (1) Es wird die Frage nach der Beteiligung des Vaters an kindbezogenen Aufgaben angesprochen. In diesem Zusammenhang werden (2) die Faktoren erörtert, die das Ausmaß väterlicher Beteiligung beeinflussen. (3) In einem dritten Teil wird dargestellt, welchen Einfluss Väter mittel- und langfristig auf die Entwicklung ihrer Kinder haben. Schließlich werden (4) einige neokonservative Annahmen zur Rolle und zur Bedeutung des Vaters vor dem Hintergrund vorliegender Ergebnisse aus der Familienforschung kritisch hinterfragt. Anregungen für eine stärkere Berücksichtigung der Vaterperspektive schließen diesen Beitrag ab.

1. Die Beteiligung des Vaters an kindbezogenen Aufgaben

Seit 1995 untersuchen wir 175 Paare, die zwischen Dezember 1995 und August 1996 ihr erstes (90 Paare; „Ersteltern“) bzw. ihr zweites bzw. drittes Kind (85 Paare; „Zweiteltern“) bekamen, längsschnittlich bezüglich der Veränderungen, die mit dem Übergang zur Elternschaft und der weiteren Entwicklung junger Familien verknüpft sind. Gegenwärtig liegen Daten aus insgesamt fünf Erhebungen vor. Eine Beschreibung dieser Längsschnittstudie sowie ausgewählte Ergebnisse findet man im Internet[10].
Im Alltag der von uns untersuchten Familien fallen die unterschiedlichsten Aufgaben und Arbeiten an, die mit der Betreuung und Versorgung der Kinder zu tun haben. Manche dieser Aufgaben oder

Aktivitäten sind frei wählbar (z. B. mit dem Kind einen Zoo besuchen), müssen also nicht unbedingt durchgeführt werden, während eine Fülle von Aufgaben erledigt werden muss. In diesem Zusammenhang ist es interessant, wer von den Eltern dafür zuständig ist. Die Aufteilung kindbezogener Tätigkeiten wurde mit Hilfe einer Liste von 19 Aufgaben erfragt. Die Eltern gaben an, wer diese jeweils übernimmt. Es zeigte sich, dass Aktivitäten, die Spaß machen (mit dem Kind spielen, mit dem Kind spazieren gehen), in den meisten Familien von beiden Eltern ausgeführt werden. Der Anteil der Familien, in denen die Mutter diese Aktivitäten alleine übernimmt, ist größer als der Anteil der Familien, in denen der Vater diese alleine übernimmt. Dennoch ist die Verteilung der kindbezogenen Aufgaben, die Spaß machen, ausgewogen.
Anders verhält es sich bei den reinen Versorgungs- und Betreuungsaufgaben. Hier überwiegt die Beteiligung der Mutter; diese Tätigkeiten werden in nahezu keiner Familie allein vom Vater übernommen. Aufgaben, die tagsüber anfallen (z. B. Kinderfeste organisieren, mit dem Kind zum Kinderarzt gehen) werden kaum gemeinsam ausgeführt oder abwechselnd übernommen.
Die einzelnen Angaben der befragten Eltern lassen sich somit drei Gruppen zuordnen: (a) die Aufgaben, die ausschließlich die Mutter übernimmt, (b) Aufgaben, die der Vater allein übernimmt, und (c) Aufgaben, an denen sich beide Eltern gemeinsam oder abwechselnd beteiligen. Die Mittelwerte fallen sehr unterschiedlich aus: Knapp die Hälfte der Aufgaben (9,1 von 19 Aufgaben) übernehmen, nach eigenen Angaben, ausschließlich die Mütter. Ebenso viele Aufgaben werden von beiden Eltern erledigt; etwa eine halbe Aufgabe übernimmt allein der Vater. Interessant in diesem Zusammenhang ist es auch, dass Männer und Frauen die Aufgabenteilung sehr ähnlich beschreiben. Die Männer beurteilen ihr väterliches Engagement etwas günstiger als die Frauen: Sie sagen aus, dass die Mutter weniger Aufgaben allein übernimmt und dass das Paar mehr Aufgaben gemeinsam ausführt. Trotz dieser geringen Unterschiede bestätigen jedoch auch die Männer, dass die Betreuung und Versorgung des dreijährigen Kindes im Wesentlichen von der Mutter geleistet wird.
US-amerikanische und europäische Studien zur Beteiligung des Vaters vermitteln ein vergleichbares Bild: Väter sind weniger als Mütter an innerfamilialen Aufgaben sowie an der Betreuung ihrer Kinder beteiligt. Nach wie vor verrichten amerikanische und europäi-

sche Frauen den größten Anteil der Hausarbeit. Art und Qualität väterlicher Beteiligung variieren zudem beträchtlich. Während der letzten dreißig Jahre lässt sich dennoch eine Steigerung väterlicher Partizipation beobachten. Nach Robinson (1988)[11] verrichteten amerikanische Väter 1965 20%, 1981 30% und 1985 35% der Hausarbeit. Sie beteiligten sich 1975 an der Hausarbeit und der Kinderbetreuung zusammen durchschnittlich 1,85 Stunden pro Tag. Zu einer ähnlichen Einschätzung kommt Pleck (1985)[12]: Der Zeitanteil von Vätern bei diesen Aktivitäten stieg zwischen 1965 und 1981 von 20% auf 30% der von beiden Partnern im Haushalt geleisteten Arbeit an. Das Ausmaß an Hausarbeit, die Väter Mitte der achtziger Jahre verrichteten, schätzt Pleck auf 34%.
Auch spätere Studien haben empirische Evidenz dafür geliefert, dass die in familiären Aufgaben investierte Zeit bei den Vätern insgesamt zugenommen hat. Dies trifft sowohl für verheiratete als auch für nicht verheiratete Männer und für Väter und Nichtväter zu. Damit geht ein weiterer Trend einher: Die Zeit, die Frauen im Haushalt investieren, nahm in der gleichen Zeit ab. Dies trifft für die Frauen insgesamt, aber auch für die Untergruppen der verheirateten, nicht verheirateten, berufstätigen, nicht berufstätigen Frauen wie auch für Mütter und Nichtmütter zu.
Solche Befunde wurden aus feministischer Sicht stark in Frage gestellt. Niveau und Zuwachsrate des männlichen Familienengagements sind nach Auffassung von Pleck (1993)[13] höher, als von Hochschild und LaRossa[14] behauptet wird: Die Väter verrichteten demnach ein Drittel der Hausarbeit, und einer von fünf Vätern mit einer berufstätigen Frau sei die Hauptbetreuungsperson für das Vorschulkind. Auch der Current Population Survey[15] stützt die Position von Pleck (1985) und Robinson (1988)[16].
Was die Partizipation von Vätern an kindbezogenen Aufgaben betrifft, lässt sich folgendes Szenario entwerfen: Generell engagieren sich Väter stärker bei ihren leiblichen Kindern, bei älteren Kindern und bei Söhnen. Väter, die mit ihren Kindern im selben Haushalt leben, sind stärker beteiligt als Väter, die infolge einer Trennung bzw. Scheidung getrennt von ihren Kindern leben. Im Allgemeinen beteiligen sich Väter stärker an spielbezogenen als an pflegebezogenen Aktivitäten.

2. Faktoren, die väterliche Beteiligung beeinflussen

In der LBS-Familien-Studie sind wir der Frage nachgegangen, welche Faktoren väterliches Engagement beeinflussen. Von welchen Faktoren hängt es also ab, ob und in welchem Ausmaß sich der Vater nach der Geburt an der Sorge um sein Kind beteiligt? Hier spielen viele verschiedene Faktoren zusammen. Zunächst sind Merkmale des Mannes von Bedeutung (z. B. Persönlichkeitszüge, Einstellungen, persönliche Orientierungen und Lebenspläne). Darüber hinaus stecken Merkmale der Lebenssituation und äußere Lebensbedingungen, etwa Art und Umfang der Berufstätigkeit, den Rahmen für das väterliche Engagement ab. Schließlich prägen das Verhalten der Mutter in der Familie sowie Merkmale des Kindes die Ausübung der Vaterrolle.

a) Merkmale und Einschätzungen des Vaters
Unter den Faktoren, die direkt mit der Person des Vaters zu tun haben, kommt der Einstellung des Mannes zur Schwangerschaft und der Erwünschtheit des Kindes eine herausragende Rolle zu. So beteiligen sich jene Väter vier Monate nach der Geburt besonders stark an den Aufgaben rund um das Kind, für die die Schwangerschaft mit Blick auf die aktuelle Lebenssituation und ihre weiteren Lebenspläne zum rechten Zeitpunkt kam. Eine gute Passung von Elternschaft und eigenen Plänen bedeutet, dass das Kind sehr gelegen kommt im Hinblick auf das eigene Alter und das der Partnerin, mit Blick auf die beruflichen Pläne der werdenden Eltern oder auch mit Blick auf die Qualität der Partnerschaft. Je mehr sich die Männer noch während der Schwangerschaft auf die Geburt freuen, und je weniger bedrohlich ihnen dieser Einschnitt erscheint, desto stärker beteiligen sie sich später an der Betreuung und Versorgung des Kindes.
Diese Abhängigkeit des späteren elterlichen Engagements von der ursprünglichen Haltung zum Kind und zur Elternrolle ist kennzeichnend für die Vaterschaft. Im Unterschied hierzu ist die Übernahme und Ausgestaltung der Mutterrolle unabhängig von individuellen Einstellungen und Zielorientierungen. Auch hierin spiegelt sich die hohe Verantwortung der Mutter für ihr Kind, die kulturell vorgezeichnet ist und unabhängig von den persönlichen Haltungen und Orientierungen der Mutter eingefordert wird.

b) Merkmale der Lebenssituation und äußere Einflussfaktoren

Das Engagement des Mannes im Beruf, der Umfang seiner Berufstätigkeit und das Ausmaß an beruflichen Belastungen hängen eng mit der Ausgestaltung der Vaterrolle und der Beteiligung des Vaters am familiären Leben zusammen. Durch den Beruf wird somit der Rahmen abgesteckt, innerhalb dessen eine Beteiligung an der Sorge um das Kind stattfinden kann. Die Wochenarbeitszeit bestimmt, wie oft und zu welchen Tageszeiten Väter zuhause und damit für ihre Familie verfügbar sind. Während die durchschnittliche wöchentliche Arbeitszeit der Männer 18 Monate nach der Geburt des Kindes 41,3 Stunden beträgt, geben einige Männer eine Wochenarbeitszeit von bis zu 70 Stunden an. Diese Väter haben kaum eine Chance, ihr Kind unter der Woche überhaupt wach zu sehen.

Schon während der Schwangerschaft überlassen jene Männer, die im Vergleich zu ihrer Partnerin eine deutlich höhere Wochenarbeitszeit angeben, Aufgaben, die bei der Vorbereitung auf die Geburt anfallen (z. B. sich informieren über die Erziehung und Entwicklung von Kindern; Einkauf von Kindersachen; Einrichten des Kinderzimmers), weitgehend der werdenden Mutter.

Nach der Geburt des Kindes wird dieser Zusammenhang noch deutlicher: Je mehr Zeit die Väter eineinhalb Jahre nach der Geburt des Kindes im Beruf verbringen, desto weniger beteiligen sie sich an der Sorge um das Kind. Vor allem solche Aufgaben, bei denen weniger die direkte Interaktion mit dem Kind im Vordergrund steht (sich über die Erziehung und Entwicklung informieren; Besuche beim Kinderarzt wahrnehmen; Kinderbetreuung organisieren), werden dann fast ausschließlich von der Mutter übernommen. Eine hohe berufliche Belastung des Mannes (z. B. beruflicher Stress, unregelmäßige Arbeitszeiten) geht vor allem bei der Gruppe der Väter, die ihr erstes Kind bekommen haben, mit verringertem Engagement in der Kinderbetreuung einher.

Neben der Zeit als knapper Ressource spielt offenbar auch die Belastbarkeit eine begrenzende Rolle: Männer, deren „Kapazitäten" bereits im Beruf weithin ausgeschöpft werden, belasten sich nicht gerne zusätzlich mit Aufgaben, die bei der Betreuung und Versorgung des Kindes anfallen. Gleiches gilt übrigens für die Hausarbeit. Auch die Beteiligung der Väter an Haushaltsaufgaben sinkt rapide mit dem Umfang der Berufstätigkeit und dem Ausmaß der beruflichen Belastung.

Die berufliche Belastung des Mannes hat wiederum Auswirkungen auf das Familienleben, die über die Beteiligung des Mannes an familiären Aufgaben (Hausarbeit, Versorgung des Kindes) hinausreichen. Die Belastung des Mannes durch den Beruf wirkt sich auch auf den Umgang der beiden Partner miteinander und auf die Qualität der Partnerschaft aus. In solchen Beziehungen, in denen die Männer viel arbeiten, im Beruf stark beansprucht und mit ihrem Beruf unzufrieden sind, berichten beide Partner übereinstimmend von häufigem Streit und geringer positiver Paarkommunikation.
Zusammenfassend kann festgehalten werden: Väter, die im Beruf stark beansprucht sind, haben deutlich weniger Zeit für ihre Familie, sie zeigen eine geringere Belastbarkeit für familiäre Belange und benötigen offenbar mehr Zeit zur persönlichen Erholung und Entspannung. Ein hohes berufliches Engagement des Vaters lässt ihm somit wenig Raum und Energie für sein Engagement in der Familie. Väter stehen damit im Konflikt zwischen konkurrierenden Lebensbereichen und Rollenanforderungen. Hohes berufliches Engagement ist häufig nur auf Kosten der Familie möglich.

c) Das Verhalten der Mutter

Wie sehr sich der Vater an der Betreuung und Versorgung seines Kindes und am Familienleben beteiligt, hängt andererseits davon ab, ob die Partnerin ihn in die Betreuung des Kindes einbindet. Beim Aufbau der Beziehung zum Kind profitieren die Väter stark davon, wenn ihre Partnerinnen sie zur Beschäftigung mit dem Kind auffordern und ihnen eine gewisse Anleitung geben. Gegenbeispiel ist eine Mutter, die vollkommen in der Mutterrolle aufgeht, alle kindbezogenen Aufgaben für sich reklamiert und eine exklusive Beziehung zu dem Kind pflegt. Eine kritische Größe ist in diesem Zusammenhang das Zutrauen, das die Mutter in die Kompetenzen ihres Partners zur Ausübung der Elternrolle besitzt. Solche Überzeugungen, die die wahrgenommenen oder unterstellten Fähigkeiten des Partners betreffen, wurden in unserer Längsschnittstudie während der Schwangerschaft erfragt (Beispielfragen: „Mein Partner wird sicher ein guter Vater sein." „Ich fürchte mich jetzt schon vor Situationen, in denen mein Partner nicht weiß, was unserem Kind fehlt.")
Mütter, die schon vor der Geburt des Kindes ihrem Partner die Fähigkeiten absprechen, das Kind angemessen zu betreuen und en-

gagiert, sensibel und kompetent auf die Bedürfnisse des Kindes einzugehen, geben ihm wenig Möglichkeiten, sich an der Betreuung und Versorgung des Kindes zu beteiligen. Stattdessen übernehmen diese Frauen die anfallenden Aufgaben selbst. Dies kann dazu führen, dass die ursprünglich durchaus vorhandene Motivation des Mannes durch gut gemeinte Anweisungen oder Kritik untergraben wird. Ein geringes väterliches Engagement ist somit auch Resultat des mütterlichen Verhaltens.

Wenn die Frau jedoch an die Kompetenzen ihres Partners als Vater glaubt, bezieht sie ihn verstärkt in das familiäre Leben und die Sorge um das Kind ein. Die Beteiligung der Männer an kindbezogenen Aufgaben ist in diesem Fall hoch. Die steuernde Funktion von Müttern wird in der wissenschaftlichen Debatte als „Gatekeeping" bezeichnet (passende Übersetzungen wären „Türsteher-Funktion" oder „Weichensteller-Funktion"). Die Bedeutung des Zutrauens der Mütter in die Rollenkompetenz ihres Partners zeigt sich auch darin, dass das Vertrauen der Männer in ihre eigenen Fähigkeiten als Vater nicht von Belang ist für das Ausmaß des eigenen familiären Engagements.

Wann nun aber glauben die Frauen, dass ihr Partner ein „guter" Vater sein wird? Vor allem solche Frauen sind von den Fähigkeiten ihres Partners als zukünftigem Vater überzeugt, die ihrem Partner ganz spezifische Eigenschaften zuschreiben. Diese Eigenschaften werden traditionell eher mit weiblichen Geschlechtsstereotypen in Verbindung gebracht. Sie umfassen Einschätzungen wie „gefühlvoll", „mitteilsam", „anpassungsfähig", „verständnisvoll", „hilfsbereit" und „zärtlich". Auch die Einschätzung des Partners als emotional stabil („gelassen", „unkompliziert", „tolerant") geht mit einem großen Vertrauen in die Fähigkeiten des Partners als Vater einher. Männer, die von ihrer Partnerin diese eher femininen Eigenschaften zugesprochen bekommen, erscheinen den Frauen als kompetenter und zuverlässiger für den Umgang mit dem Kind. Unwichtig ist in diesem Zusammenhang, inwieweit die Frauen dem Partner typisch männliche Eigenschaften zuschreiben („selbstsicher", „durchsetzungsfähig", „tatkräftig"). Diese Differenzierung, die Frauen vornehmen, ist umso interessanter, als sie für die partnerbezogenen Kompetenzüberzeugungen der Männer fehlt. Männer vertrauen umso stärker in die Fähigkeiten ihrer Partnerin als Mutter, je positiver sie ihre Partnerin insgesamt einschätzen, unabhängig von bestimmten Persönlichkeitsmerkmalen.

d) Merkmale des Kindes

Wie der Vater den Umgang mit seinem Kind erlebt, wie sehr er sich mit ihm beschäftigt, und in welchem Ausmaß er Versorgungsaufgaben übernimmt, hängt nicht zuletzt von Merkmalen und Eigenschaften des Kindes ab. Der subjektive Eindruck, wie unkompliziert bzw. wie schwierig und anstrengend das Kind ist, ist hierbei wichtiger als die tatsächlichen Persönlichkeitsmerkmale des Kindes. Die subjektiven Wahrnehmungen sind kein perfektes Abbild des beobachteten Verhaltens des Kindes, sie sind vielmehr mitgefärbt von der persönlichen Einstellung zu Kindern und von der aktuellen Stimmung oder Verfassung. Hierdurch ist auch erklärbar, weshalb beide Eltern ein Kind unterschiedlich wahrnehmen und erleben können.

Kinder unterscheiden sich schon früh recht deutlich voneinander. Manche Säuglinge schlafen schnell durch, entwickeln einen regelmäßigen Wach-Schlaf-Rhythmus, schreien wenig und lassen sich leicht trösten. Andere sind weniger „pflegeleicht" und strapazieren durch bestimmte Eigenheiten und Verhaltensweisen die Geduld der Eltern sehr. Die Schwierigkeit des Kindes wurde vier Monate und erneut 18 Monate nach der Geburt aus der Perspektive der Eltern erhoben. Hierbei wurden unterschiedliche Aspekte des kindlichen Verhaltens berücksichtigt, etwa Verhaltensweisen, die für das rein körperliche Gedeihen wichtig sind (Trinken bzw. Essen, Verdauung), das Wohlbefinden des Kindes (Laune, Anpassungsfähigkeit, Tröstbarkeit) oder auch Verhaltensbeschreibungen, die wiedergeben, wie erfreulich oder belohnend der direkte Umgang mit dem Kind ist (Wachsamkeit und Responsivität, Schmusigkeit).

Je unkomplizierter und „pflegeleichter" dem Vater das Kind erscheint, desto mehr Freude und desto weniger Frustration erlebt er im Umgang mit seinem Kind, desto häufiger beschäftigt er sich auch mit ihm. Umgekehrt gilt: Väter, die ihr Kind als eher schwierig charakterisieren, erleben viel Frustration und wenig Freude in ihrer Vaterrolle und überlassen die Betreuung und Versorgung des Kindes nahezu völlig der Partnerin. In Abhängigkeit vom Alter des Kindes werden offensichtlich ganz bestimmte Merkmale des Kindes vom Vater als problematisch erlebt. Beim vier Monate alten Kind bereiten dem Vater vor allem eine geringe Regelmäßigkeit, schlechte Laune und eine schlechte Tröstbarkeit des Kindes Probleme. Beim eineinhalb Jahre alten Kind gehen neben der schlechten

Tröstbarkeit zusätzlich ein ausgeprägtes Trotzverhalten und häufige Wutanfälle des Kindes mit Gefühlen der Frustration und Überforderung auf Seiten des Vaters einher.
Beteiligt sich der Mann schon in den ersten Monaten nach der Geburt nur wenig an der Betreuung und Versorgung seines „schwierigen" Kindes, scheint sich dieses Muster auch über das erste Lebensjahr hinaus zu verfestigen. Das Abgeben des „komplizierten" Kindes an die Mutter führt dazu, dass es ihm auch längerfristig in schwierigen Situationen an der notwendigen Erfahrung fehlt, weshalb das Kind weiterhin als recht anstrengend beurteilt wird. Die Wahrnehmung des Kindes als schwierig kann somit eine Dynamik auslösen, die zu einer weiteren Verfestigung dieses Eindrucks führt. Bei der Förderung väterlicher Beteiligung in der Familie kommt es darauf an, solche Wirkketten möglichst frühzeitig zu durchbrechen. Darüber hinaus gibt es auch Merkmale des Kindes, die zwar nicht unmittelbar, jedoch längerfristig zu einem Rückzug des Mannes aus der Versorgung und Betreuung des Kindes führen. So beteiligen sich die Väter, die ihr Kind im Alter von vier Monaten als wenig ansprechbar und aufmerksam beschreiben, zu diesem Zeitpunkt zwar ebenso an der Sorge um das Kind wie die Väter responsiver Kinder. Eineinhalb Jahre nach der Geburt fällt ihre Beteiligung jedoch deutlich geringer aus.

3. Mittel- und langfristige Auswirkungen väterlicher Beteiligung auf die Entwicklung des Kindes

Von zentraler Bedeutung ist die Frage, welchen Einfluss mittel- und langfristig Eltern auf ihre Kinder bzw. auf junge Erwachsene ausüben. 1997 hat Judith Harris ihr Buch „The Nurture Assumption" veröffentlicht, in dem sie die Auffassung vertritt, dass nicht die Eltern, sondern das soziale Netz den wichtigsten Beitrag bei der Entwicklung der Jugendlichen leisten. Zudem haben psychoanalytische Arbeiten sowie Beiträge aus der frühen Bindungsforschung die Bedeutung der Mutter als die primäre Bindungs- und Erziehungsperson hervorgehoben und dem Vater eine eher sekundäre Rolle zugewiesen. Auch in der neueren Familienforschung überrascht es, dass sich nur wenige Arbeiten mit zwei zentralen Themen befassen: (a)

wie man Elternschaft konzeptualisieren kann, was man unter Mutterschaft bzw. Vaterschaft verstehen sollte und (b) welchen Einfluss tatsächlich Eltern auf ihre Kinder haben.
Zur Beantwortung der Frage nach dem Vaterschaftskonzept hat Amato[17] in einem am Penn State College im Oktober 1996 durchgeführten Symposium ein ressourcen-theoretisches Elternschaftskonzept vorgestellt, „das Pentagramm der Elternschaft", in dem er prinzipiell zwischen drei Ebenen elterlicher Ressourcen unterscheidet: Eltern werden in diesem Modell (a) als Human-, (b) als Finanz- und (c) als Sozialkapital für ihre Kinder definiert. Unter Humankapital versteht er die Ausbildung und Beiträge der Eltern zur Förderung und Stimulation des Kindes, unter Finanzkapital deren Einkommen und insbesondere den Anteil an finanziellen Ressourcen, die sie für das Kind direkt aufwenden, und unter Sozialkapital wird die Qualität der Partner- und der Eltern-Kind-Beziehung verstanden.
Dieses Modell nimmt an, dass die kindliche Entwicklung in Zusammenhang mit der Qualität des verfügbaren elterlichen Human-, Finanz- und Sozialkapitals steht. Ungeachtet historischer und kultureller Einflüsse geht das Modell ferner davon aus, dass Mütter und Väter grundsätzlich gleichermaßen in der Lage sind, ihren Kindern diese Ressourcen zur Verfügung zu stellen, wenn auch in der Realität von einer starken Variabilität ausgegangen wird. In Amatos „Pentagramm der Elternschaft" bedingt die Ausbildung der Eltern das elterliche Einkommen und dieses die Qualität der Eltern-Kind- und der Partner-Beziehung. Letztere werden auch direkt durch die Ausbildung der Eltern beeinflusst.
In einem weiteren Analyseschritt interessierte sich Amato für den spezifischen Beitrag, den Väter und Mütter zur Entwicklung der Kinder leisten. An fünf abhängigen Variablen der untersuchten jungen Männer und Frauen: (a) Qualität der Beziehung zu den eigenen Eltern und Verwandten, (b) Qualität der Beziehung zu den Freunden, (c) Lebenszufriedenheit, (d) psychologische Auffälligkeiten und (e) Selbstwertgefühl hat Amato dieses Modell getestet. Er greift dabei auf Daten zurück, die im Rahmen einer 1980 eingeleiteten Längsschnittstudie[18] an etwa 2000 verheirateten Personen mit Kindern im Alter zwischen 7 und 19 Jahren erhoben wurden. Amato hat 12 (bzw. 15) Jahre später, im Jahre 1992 (und 1995) 384 junge Männer und Frauen, die 1980 noch bei ihren beiden Eltern gelebt hatten, erneut untersucht, also in einem Alter von nunmehr 19 bis

31 Jahren (Median = 23 Jahre). Er konnte nachweisen, dass väterliche Ressourcen zwölf Jahre nach der Erstbefragung weiterhin die Ausbildung sowie das Selbstwertgefühl beeinflussen, und dass mögliche psychologische Beeinträchtigungen der jungen Männer kausal mit dem väterlichen Beitrag zusammenhingen. Der mütterliche Einfluss auf die Variablen „Qualität der Eltern-Kind-Beziehung“ und „Qualität der Beziehung zu Freunden“ ist signifikant größer als der väterliche Einfluss. Beide Elternteile hatten einen gleichen Anteil an der Lebenszufriedenheit der Kinder.
Diese Befunde stimulierten eine Diskussion, die ein Jahr später, in Washington D.C., im Rahmen der 59th Annual Conference of the National Council on Family Relations mit dem Thema: „Fatherhood and Motherhood in a Diverse and Changing World“, im November 1997, durchgeführt wurde. Etliche Experten haben während dieses Kongresses auf die Unangemessenheit bislang auch in der Forschung verwendeter Elternschaftskonzepte verwiesen und befürworteten eine erweiterte Konzeptualisierung väterlichen Engagements. Dies ist nach Palkovitz[19] aus einer Vielzahl von Gründen von Bedeutung: Ein erweitertes Konzept väterlichen Engagements erlaubt, den Beitrag von Vätern, die räumlich nicht mit ihren Kindern zusammenleben, angemessener zu bestimmen. Ein wachsender Anteil von Kindern und Vätern lebt aufgrund hoher Scheidungsraten und einer hohen Anzahl außerehelicher Geburten nicht zusammen. Es gab kaum eine Zeit in den letzten Jahrhunderten, in der so viele Kinder von ihren Eltern (meist von ihren Vätern) getrennt wurden, wie in den letzten 20 Jahren. Möglicherweise ist dies für Hawkins & Palkovitz[20] einer der Gründe, warum die Untersuchung von Vaterschaft so viel wissenschaftliches Interesse gefunden hat. Die Nachscheidungsforschung zeigt nämlich in Deutschland (Fthenakis, 1998), dass Väter auch in der Nachscheidungsphase den Kontakt zu ihren Kindern (zu 84%) aufrechterhalten und zu einem erheblichen Teil Betreuungsaufgaben für das Kind übernehmen.
Neben direkten Effekten haben die Experten auf indirekte Auswirkungen väterlichen Engagements hingewiesen. So hat z. B. Amato in einer Literaturanalyse den indirekten Einfluss, den außerhalb lebende Väter auf ihre Kinder ausüben, aufgezeigt. Die Daten der Interviewstudie von Palkovitz (1996a, 1996b)[21] zeigen zudem, dass solche Väter, die sich als engagiert im Leben ihrer Kinder wahrneh-

men, einen qualitativ anderen Entwicklungsverlauf nehmen als Männer ohne Kinder. Umgekehrt fanden etliche Studien beim Kind eine starke psychologische Präsenz des außerhalb lebenden Elternteils. Schließlich haben Untersuchungen über Väter im Teenageralter gezeigt, dass sie sich gleichfalls für ihre Kinder interessieren und Verantwortung übernehmen. Sie geben gewöhnlich an, dass sie sich größeres Engagement wünschen, als ihnen ermöglicht wird. Pasley & Minton (1997)[22] berichten, dass auch geschiedene Väter sich mit bedeutenden Hürden gegenüber ihrem kontinuierlichen Engagement im Alltagsleben ihrer Kinder konfrontiert sehen, viele arbeiten jedoch hart daran, diese zu überwinden.

Differenziertere und stärker integrierte Konzeptualisierungen väterlichen Engagements, welche über die zeitliche und direkt beobachtbare Interaktion hinausreichen, werden also gebraucht, um die gelebten Erfahrungen eines großen Anteils von Vätern mit Kindern in der Gesellschaft von heute zu verstehen und um hilfreichere Wege zu finden, dass außerhalb lebende Väter in Beziehung mit ihren Kindern bleiben und ihre Entwicklung in positiver Weise fördern können. Derartige Konzeptualisierungen führen zudem dazu, die entwicklungsbezogenen Herausforderungen besser zu verstehen, mit denen sich diese Väter konfrontiert sehen.

Einen weiteren Zugang zur Konzeptualisierung von Vaterschaft eröffnen struktural-prozessuale Ansätze, wie sie in den 90er Jahren von Cowan & Cowan (1992)[23], Gottman (1997), Gottman, Katz & Hooven (1997)[24] oder in Studien wie der LBS-Familien-Studie „Übergang zur Elternschaft" von Fthenakis, Engfer, Kalicki u. a. und der Interventionsstudie des Deutschen Familienverbandes „Wenn aus Partnern Eltern werden" (Fthenakis & Eckert, 1997)[25] angewandt werden. Sie begreifen Vaterschaft innerhalb eines sich entwickelnden Familiensystems und fokussieren fast ausschließlich auf Übergänge (Transitionen) im Familienentwicklungsprozess. Diesem Ansatz zufolge stellen Übergänge eine Phase beschleunigter äußerer Veränderungen mit einhergehenden psychologischen Veränderungen dar.

Die Aufgaben, die beim Übergang zur Vaterschaft zur Bewältigung anstehen, betreffen die individuelle, die familiale und die kontextuelle Ebene. Als individuelle Veränderungen werden angesehen: die Neudefinition von Identität und Selbstwertgefühl des Vaters, die Veränderungen seiner Lebensziele und die Bewältigung einer übergangsbedingten emotionalen Beunruhigung. Auf der familialen Ebene stehen neben einer Reorganisation des Rollenverhaltens Veränderungen in der Qualität der Partner-Beziehung, der Erwerb neuer Kompetenzen und die Regulation der emotional belasteten Partner-Beziehung als zu bewältigende Aufgaben an. Transitionen leiten Veränderungen ein, die über das enge Familiensystem hinausgreifen: Die Beziehungen zu den eigenen Eltern werden neu organisiert, und es erfolgt häufig eine tief greifende Veränderung des sozialen Netzes.

In diesem Zusammenhang gewinnen während der letzten Jahre Studien an Bedeutung, die Zusammenhänge zwischen der Qualität der Partner- und der Vater-Kind-Beziehung untersuchen. Eine Reihe von Studien konnte nämlich nachweisen, dass die Qualität der Partner-Beziehung die Qualität der Vater-Kind-Beziehung beeinflusst. Die Mutter-Kind-Beziehung scheint nicht in diesem Ausmaß davon betroffen zu sein. Belsky, Gilstrap & Rovine (1984)[26] fanden, dass das Engagement des Vaters an kindbezogenen Aktivitäten positiv mit seinem Engagement in der Partner-Beziehung korrelierte, wenn das Kind 1, 3 und 9 Monate alt war; diese Zusammenhänge trafen für die Mutter-Kind-Beziehung nur bei den 1 Monat alten Kindern zu, nicht jedoch bei älteren Kindern. Auch in einer weiteren Studie konnten Volling & Belsky (1991, 1992)[27] einen stärkeren Zusammenhang zwischen der Qualität der Partner-Beziehung einerseits und der Vater-Kind-Beziehung andererseits als zwischen Mutter-Kind-Beziehung und Partner-Beziehung aufzeigen. Auch das Ausmaß der kognitiven und emotionalen Unterstützung der Mutter durch den Vater erwies sich als prädikativ für die Erziehungskompetenz des Vaters. Diese Zusammenhänge konnten in weiteren Studien immer wieder bestätigt werden[28]. Auch in der Scheidungsforschung wurde deutlich, dass eine konfliktreiche Partner-Beziehung mit Schwierigkeiten in der Ausgestaltung der Vater-Kind-Beziehung assoziiert ist.

4. Neokonservative Annahmen zur Bedeutung des Vaters

In einem bemerkenswerten Beitrag haben sich Silverstein & Auerbach (1999)[29] mit den Thesen der sog. „Neokonservativen" in der Vaterforschung auseinander gesetzt. Neokonservative Vaterforscher vertreten die Auffassung, dass der Mutter eine zu große Bedeutung für den Entwicklungsprozess des Kindes zugeschrieben und die essentielle Bedeutung des Vaters dadurch vernachlässigt wurde. Damit rückte zwar der Vater als „Forschungsobjekt" zunehmend in den Vordergrund, doch die vielfältigen Annahmen, welche neokonservative Autoren hinsichtlich Aufgaben und Bedeutung des Vaters für den Entwicklungsprozess des Kindes ableiteten, beschreiben Silverstein & Auerbach als „Übersimplifizierungen empirischer Forschungsergebnisse". Im Folgenden werden die sieben zentralen Annahmen der Neokonservativen kurz zusammengefasst und die Gegenargumente, wie sie von Silverstein & Auerbach vorgetragen werden, wiedergegeben.

1. Annahme: Die biologischen Anlagen von Männern und Frauen bedingen ein unterschiedliches Erziehungsverhalten. Insbesondere Schwangerschaft und Stillen führen zur Ausbildung eines Pflege- und Erziehungsinstinktes, den Väter konsequenterweise in dieser Art niemals erreichen können. *Gegenargument*: Die biologischen Anlagen von Männern und Frauen bedingen kein unterschiedliches Erziehungsverhalten. Jene Autoren nämlich, welche die evolutionspsychologischen Basisannahmen sowohl in Bezug auf Primaten als auch auf Menschen hinterfragt haben[30], kommen zu der Schlussfolgerung, dass sich das Verhalten der Väter verändert, wenn sich der bioökologische Kontext verändert. In Bezug auf den Menschen betrifft dies z. B. Hausmänner[31], allein erziehende Väter[32] wie auch homosexuelle Väter[33],[34].

2. Annahme: Typische Charakteristika der traditionellen Form der Arbeitsteilung in westlichen Industrienationen lassen sich in der gesamten menschlichen Evolutionsgeschichte zurückverfolgen[35]. *Gegenargument*: Nach Zihlman[36] lässt sich in der menschlichen Evolutionsgeschichte keine strikte Arbeitsteilung belegen, da die Menschen die meiste Zeit über ein Nomadenleben führten. Der Mensch lebte damit *nicht* in einem relativ beständigen bioökologischen Kontext, sondern in verschiedenen Kontexten, welche unterschiedliche Anforderungen stellten. Somit waren sowohl Mann als auch Frau gefordert, verschiedene Aufgaben zu erfüllen (anstrengende Reisen, schwer tragen, jagen, sammeln, sich um Kinder und Ältere kümmern). Im gleichen Zuge wird auf die Fehlannahme verwiesen, dass der Mann typischerweise für die Beschaffung von Nahrung verantwortlich war. Nach Zihlman (1997) waren in den meisten vorindustriellen Kulturen in erster Linie die Frauen (bis zu 60%) mit dieser Aufgabe beschäftigt. In anderen Kulturen waren und sind auch heute noch (z. B. Stämme in Westafrika) die Männer überhaupt nicht an dieser Aufgabe beteiligt.

3. Annahme: Vaterabwesenheit ist für eine Reihe von Problemen auf Seiten des Kindes verantwortlich (erhöhte Gewaltbereitschaft, Teenager-Schwangerschaften, geringe Schulleistung u.ä.) oder andersherum: wenn Väter sich um ihre Kinder kümmern, wird deren Teilnahme (sie ist einzigartig, da maskulin) den Entwicklungsverlauf des Kindes deutlich positiv beeinflussen. *Gegenargument:* Kinder aus geschiedenen Familien unterliegen zwar einem größeren Risiko für eine Reihe von Problemen, aber (1) lassen sich diese nicht exklusiv auf die Vaterabwesenheit zurückführen, (2) zeigen 75% der Kinder aus geschiedenen Familien keine negativen „Nachwirkungen"[37] und (3) sind viele der Probleme, welche Kindern aufgrund des Scheidungsgeschehens zugeschrieben werden, bereits vor der Scheidung belastend[38].

4. Annahme: Väter sind besonders wichtig für Jungen, da diese den Vater als männliches Rollenmodell benötigen, um eine maskuline Geschlechtsidentität entwickeln zu können. In ähnlicher Weise wirken Väter auf ihre Töchter als Beziehungsmodelle. Auch die Rolle als „Beschützer" der Familie ist ihnen inhärent (Popenoe, 1996). *Gegenargumente:* Nach Pleck (1995)[39] gibt es keine empirischen Belege für die Annahme, dass der Sohn einen heterosexuellen Vater für die Ausbildung seiner maskulinen Geschlechtsidentität benötigt. Zu dem gleichen Ergebnis kommt auch die Vielzahl von Studien im Bereich der Schwulen- und Lesbenforschung. Kinder lesbischer Mütter (oder schwuler Väter) entwickeln mit gleicher Wahrscheinlichkeit eine heterosexuelle Geschlechtsorientierung wie Kinder aus heterosexuellen Zwei-Eltern-Familien (zusammenfassend Fthenakis, 1999)[40].

5. Annahme: Die Ehe ist die einzige soziale Institution, welche gewährleisten kann, dass eine verantwortungsvolle Vaterschaft übernommen wird und damit das Funktionieren und Wohlergehen der

Kinder garantiert ist. *Gegenargumente:* Silverstein & Auerbach teilen die neokonservative Perspektive, dass Kinder natürlich davon profitieren, wenn sie Väter und Mütter haben, welche aktiv am Familienleben teilnehmen, Verantwortung für die Kinder übernehmen und eine emotionale Beziehung zu diesen aufbauen. Sie teilen jedoch nicht die Meinung, dass Väter gleichsam unersetzbar sind und dass die heterosexuelle Ehe der einzige Kontext ist, in welchem eine verantwortungsvolle Vaterschaft stattfinden kann. Gemäß dieser These müsste die Vaterpartizipation zunehmen, wenn den Müttern mehr Ressourcen und Eigenverantwortlichkeit zugestanden wird. Smuts & Gubernick (1992)[41] konnten ihre Hypothese sowohl in Bezug auf Primaten wie auch auf Menschen deutlich untermauern. So lässt sich z. B. für die USA, Australien oder Schweden (alles Kulturen, in welchen den Frauen Ressourcen zur Verfügung stehen, die sie ihren Männern im Austausch zur Kindererziehung anbieten können) deutlich zeigen, dass hier die Vaterpartizipation wesentlich höher ist als in eher traditionellen Kulturen wie z. B. Italien oder Spanien[42]. Auch andere Untersuchungen belegen diesen Trend, v. a. in Bezug auf das Berufsleben der Mutter[43].
Schließlich zeigen die Väter aus Doppelverdiener-Haushalten (meist der Arbeiterklasse) die größte Involvierung in Vaterschaftsaufgaben. Nach Pleck (1997)[44] sind diese Väter bis zu 36% an Erziehungsaufgaben beteiligt. In diesen Familien stehen sich Väter wie Mütter in ihrem Ressourcenaustausch gleichberechtigt gegenüber. Das Einkommen beider Elternteile ist gleich wichtig, und da sie zu verschiedenen Zeiten arbeiten, müssen sich beide einigermaßen gleichverteilt an der Kindererziehung beteiligen. Demnach ist es nicht die Ehe als Institution, die zählt, sondern die wirtschaftliche Lage der Familie.[45]

6. Annahme: Die Ehe schützt Frauen und Kinder vor Gewaltanwendungen durch den Ehemann[46]. *Gegenargument:* Mit der Abnahme an Ehen geht die Abnahme von ehelichen Gewaltverbrechen einher[47].

7. Annahme: Biologische Vaterschaft ist ein Schutzfaktor für Kinder innerhalb einer Ehe[48]. Nach der Studie von Daly & Wilson (1985)[49] werden Kinder von Stiefvätern häufiger missbraucht als von ihren biologischen Vätern. *Gegenargumente:* Sternberg (1997)[50] relativiert das Ergebnis des häufigeren Missbrauchs von Kindern durch ihre Stiefväter, indem er darauf verweist, dass Daly & Wilson (1985) nur verdeutlicht haben, dass Kinder in Stieffamilien häufiger missbraucht werden. Es konnte in dieser Untersuchung nicht sichergestellt werden, wer den Missbrauch verübt hat – ob Mutter, Stiefvater oder ein anderer Erwachsener. Malkin & Lamb (1994)[51] haben ergänzend herausgefunden, dass biologische Eltern wesentlich stärker zu Formen der körperlichen Bestrafung ihrer Kinder neigen als beispielsweise Stiefeltern[52].

Nach Ansicht von Silverstein & Auerbach (1999) übernehmen weder Mutter noch Vater „essentielle" Rollen. Studien über geschiedene Familien, nicht-verheiratete Paare, wiederverheiratete und alleinerziehende Väter haben belegt, dass es eine Vielzahl von Familienformen gibt, welche ebenso das Wohlergehen und die positive Entwicklung des Kindes garantieren können. Entscheidend für die positive Entwicklung des Kindes ist (mindestens) ein verantwortungsbewusster und fürsorglicher Erwachsener, welcher eine emotionale und konstante Beziehung zu dem Kind aufbauen kann. Weder das Geschlecht des Erwachsenen noch die biologische Verwandtschaft gegenüber dem Kind dienen hingegen als zuverlässige Variablen für Vorhersagen über den Entwicklungsverlauf des Kindes.

5. Anregungen für die Familienpolitik

Während Mutterschaft in der öffentlichen Meinung, in der Politik und allen Bereichen des Lebens ein fest etablierter kultureller Wert ist, kann dies in gleicher Weise nicht für Vaterschaft behauptet werden. Dies überrascht deshalb, weil vor nicht allzu langer Zeit die zentrale Einheit der Familie nicht die Mutter-Kind-, sondern die Vater-Kind-Beziehung bildete. Es bedarf demnach einer Neubewertung von Vaterschaft. Vaterschaft muss per se und nicht in Abhängigkeit von Mutterschaft als Wert betrachtet werden, der zudem unabhängig von den jeweiligen strukturellen Bedingungen gesehen werden muss, unter denen heute Vaterschaft gelebt wird. Mutterschaft und Vaterschaft als zwar unterschiedliche, aber gleichwertige Begriffe für gemeinsame elterliche Verantwortung anzusehen, stellt immer noch eine Herausforderung für Gesellschaft und Politik dar.

Um dieses Ziel zu erreichen, wird eine Politik benötigt, die zu einer Umstrukturierung der traditionellen Männlichkeitsideologie und damit einhergehend der gesellschaftlichen Institutionen und ihres Verständnisses von Vaterschaft (und Mutterschaft) beitragen sollte. Will man damit Ernst machen, dann würden Jungen im Sinne eines gleichberechtigten und ebenso verantwortungsvollen Umgangs für die Pflege und Erziehung von Kindern sozialisiert werden. Wenn die Vater-Kind-Beziehung unabhängig von der Mutter-Kind-Beziehung definiert würde, würde sich das positiv auf die väterliche Partizipation nach einer Scheidung auswirken. Vaterschaft als für sich gesehen schützenswertes Gut würde die Entwicklung unterschiedlicher Modelle einer verantwortungsvollen Vaterschaft unterstützen und fördern. Dadurch, dass wir zwischen den zwei Sphären „öffentlich/Arbeit/männlich" und „privat/Familie/weiblich" lange Zeit zu stark unterschieden haben, haben wir zu Entwicklungen im System Familie beigetragen, die Frauen überlastet und Männer diskriminiert haben, und dass eine Form des Familienlebens etabliert wurde, die von den meisten Frauen und Männern heute nicht mehr bejaht wird. Die von der deutschen Bundesministerin für Familie, Senioren, Frauen und Jugend gestartete Kampagne für die Rolle des Mannes und Vaters in Familie und Gesellschaft geht in eine neue Richtung.
Entwicklungen im Familiensystem, nach der Geburt des ersten und des zweiten Kindes, motivieren zu Veränderungen, die eine Traditionalisierung der Geschlechterrollen nach sich ziehen. Die im sozialen System (zum Teil bereits) erreichte Gleichberechtigung von Mann und Frau bricht im Familienentwicklungsprozess nach der Geburt des Kindes größtenteils zusammen. Hier liegt politische Herausforderung, die Voraussetzungen dafür zu schaffen, dass Mütter und Väter Erwerbstätigkeit und Verantwortung für Familie vereinbaren können. Die LBS-Familien-Studie konnte zeigen, dass die verfügbaren staatlichen familienpolitischen Hilfen nur bedingt den Wünschen und den Bedürfnissen junger Familien entsprechen: Nur 11% der jungen Mütter und 17% der Väter halten die derzeitige Regelung des Erziehungsurlaubs für familiengerecht. Die überwiegende Mehrheit junger Eltern wünscht sich ein Zeitkontomodell. Flexibilisierung der Arbeitszeit auch für Väter stellt einen weiteren Aspekt notwendiger Reformen dar.
Was gegenwärtig für eine Stärkung von Elternschaft fehlt, ist ein

kohärentes politisches Konzept. Mitte der 90er Jahre hat die Clinton-Administration, unter der Leitung des Vizepräsidenten Al Gore, ein Manifest für Vaterpolitik verfasst, in dem alle Bereiche der Politik aufgefordert wurden, nicht nur mütterfreundliche, sondern auch väterfreundliche Maßnahmen einzuleiten, die eine stärkere Partizipation der Väter an haushalts- und kindbezogenen Aufgaben erleichtern. Es fehlt an Betreuungsangeboten für die unter dreijährigen Kinder und für Kinder im Schulalter, die eine Vereinbarkeit für Familie und Beruf für Väter und Mütter erleichtern. Und es fehlt nach wie vor an Programmen auf kommunaler Ebene, die helfen könnten, Vaterschaft in den unterschiedlichen Phasen der Familienentwicklung zu unterstützen. Die Bildungspolitik bereitet Jungen nur unzureichend auf die Vaterrolle vor. Es wird zwar eine bildungspolitische Abstinenz auf diesem Gebiet kritisiert, nach wie vor fehlt es aber an entsprechenden Initiativen, die helfen könnten, diese Misere zu beseitigen.
Im deutschsprachigen Gebiet fehlt es bislang an Vaterforschung. Es ist hoch an der Zeit, dieses Forschungsgebiet zu fördern. Das Bundesministerium für Familie, Senioren, Frauen und Jugend hat in Deutschland ein Projekt über die Rolle des Vaters in der Familie gefördert. Dies ist ein Schritt in die richtige Richtung. Weitere Forschung könnte zu einem differenzierteren Verständnis der unterschiedlichen Ausgestaltung von Vaterschaft beitragen. Dadurch würde auch den Vätern signalisiert werden, dass ihr Beitrag, ähnlich wie bei Müttern, politisches Interesse findet.

Anmerkungen

1 Fthenakis, W. E. (1985). Väter. München: Urban & Schwarzenberg; Lamb, E. M. (1997). The role of the father in child development. New York: Wiley.

2 Fthenakis, W. E., Niesel, R. Kunze, H.-R. (1982. Ehescheidung – Konsequenzen für Eltern und Kinder. München: Urban & Schwarzenberg.

3 Hochschild, A. R. (1989a). The economy of gratitute. In: D. D. Parks & E. D. McCarthy (Eds.). The sociology of emotions: Original essays and research papers (S. 95–113). Greenwich, CT: JAI Press; Hochschild, A. R. (1989b). The second shift: Working parents and the revolution at home. New York: Viking.

4 Pleck, J. H. (1997). Parental involvement: Levels, sources, and consequences. In: M. E. Lamb (Ed.), The role of the father in child development (S. 66–103). New York: Wiley.

5 Fthenakis, W. E. u. a. (1999). Engagierte Vaterschaft. Die sanfte Revolution in der Familie. Opladen: Leske & Budrich.

6 Amato, P. (1999). More than money? Men's contributions to their children's lives. In:

A. Booth & A. C. Crouter (Eds.), Men in families: When do they get involved? What difference does it make? Hillsdale, NJ: Lawrence Erlbaum Associates.

[7] Parke, R. D. (1995). Fathers and families. In M. H. Bornstein (Ed.), Handbook of parenting. Vol. 3: Status and social conditions of parenting (S. 27–63). Mahwah, NJ: Lawrence Erlbaum Associates.

[8] Christiansen, S. L. (1997). Re-valuing the „good provider“ role: Family and economic policy. Paper presented at the 59th Annual Conference of the National Council on Family Relations: „Fatherhood and Motherhood in a Diverse and Changing World“, November 7–10, Arlington, VA.; Christiansen, S. L. & Palkovitz, R. (1997). Re-valuing the „good provider“ role. Family and policy implications. Paper presented at the 59th Annual Conference of the National Council on Family Relations. Ebd.

[9] Greenstein, T. N. (1996). Husbands' participation in domestic labor: Interactive effects of wives' and husbands' gender ideologies. Journal of Marriage and the Family, 58, 585–595; Künzler, J. (1994). Familiale Arbeitsteilung. Die Beteiligung von Männern an der Hausarbeit. Bielefeld: Kleine; Künzler, J. (1995). Geschlechtsspezifische Arbeitsteilung: Die Beteiligung von Männern im Haushalt im internationalen Vergleich. Zeitschrift für Frauenforschung, 13, 115–132.

[10] http://www.lbswest.de/content/jf2.htm

[11] Robinson, J. P. (1988). Who's doing the housework? American Demographics, 10, 24–28; vgl. auch Robinson, P., Andreyenkov, V. G. & Patrushev, V. D. (1988). The rhythm of everyday life: How Soviet and American citizens use time. Boulder, CO: Westview.

[12] Pleck, J. H. (1985). Working wives/Working husbands. London: Sage.

[13] Pleck, J. H. (1993). Are „Family-supportive“ employer policies relevant to men? In: J. C. Hood (Ed.), Men, work, and family (pp. 217–237). London: Sage.

[14] LaRossa, R. (1988). Fatherhood and social change. Family Relations, 37, 451–457. LaRossa, R. (1997). The modernization of fatherhood. Chicago: University of Chicago.

[15] US Bureau of Census (1990). Who's is minding the kids? Child care arrangement: Winter 1986–1987 (Current Population Reports, Series TP-70, Nr. 20).

[16] Vgl. Fußnote 11.

[17] Amato, P. R. (1999), a.a.O.

[18] „The study of marital instability over the life course“ (Booth, Amato, Johnson & Edwards, 1993).

[19] Palkovitz, R. (1997). Reconstructing „involvement“: Expanding conceptualizations of men's caring in contemporary families. In: A. J. Hawkins & D. C. Dollahite (Eds.), Generative fathering: Beyond deficit perspectives, (pp. 200–216). Thousand Oaks, CA: Sage.

[20] Hawkins, A. J. & Palkovitz, R. (1997). Beyond ticks and clicks: The need for more diverse and broader conceptualizations and measures of father involvement. Ebd.

[21] Palkovitz, R. (1996a). Parenting as a generator of adult development: Conceptual issues and implications. Journal of Social and Personal Relationships, 13, 571–592; Palkovitz, R. (1996b). Provisional balances: Fathers' perceptions of the politics and dynamics of involvement in family and career development. Symposium on the Politics of Fatherhood Involvement: Engagement, Resistance and Constraint, National Council on Family Relations Annual Conference, November 1996, Kansas City.

[22] Pasley, K. & Minton, C. (1997). Generative fathering after divorce and remarriage: Beyond the „disappearing dad“. In: A. J. Hawkins & D. C. Dollahite (Eds.). Generative fathering: Beyond deficit perspectives. Thousand Oaks, CA: Sage.

[23] Cowan, C. P. & Cowan, P. A. (1992). When partners become parents: The big life change for couples. New York: Basic Books.

[24] Gottman, J. M. (1997). Toward a process model of men in marriages and families. In: A. Booth (Ed.), Men in families: When do they get involved? What difference does it make? Hillsdale, NJ: Lawrence Erlbaum Associates; Gottman, J. M., Katz, L. F. & Hooven, C. (1996). Parental meta-emotion philosophy and the emotional life of families: Theoretical models and preliminary data. Journal of Family Psychology, 10.

[25] Fthenakis, W. E. & Eckert, M. (1997). Präventive Hilfen für Familien in Familienbildung und Beratung. In: H. Macha & L. Mauermann (Hrsg.), Brennpunkte der Familienerziehung (S. 219–239). Weinheim: Deutscher Studien Verlag.

[26] Belsky, J., Gilstrap, B. & Rovine, M. (1984). The Pennsylvania infant and family development project. Stability and chance in mother-infant and father-infant interaction in a family setting at one, three and nine months. Child Development 55.

[27] Volling, B. L. & Belsky, J. (1991). Multiple determinants of father involvement, during infancy in dual-earner and single-earner families. Journal of Marriage and the Family, 53, 461–474.; Volling, B. L. & Belsky, J. (1992). The contribution of mother-child relationships to the quality of sibling interaction: A longitudinal study. Child Development, 63, 1209–1222.

[28] Feldman, S. S., Nash, S. C. & Aschenbrenner, B. G. (1983). Antecedents of fathering. Child Development, 54, 1628–1636; Lamb, M. E. & Elster, A. B. (1985). Adolescent mother-infant-father relationships. Developmental Psychology, 21, 768–773.

[29] Silverstein, L. B. & Auerbach, C. F. (1999). Deconstructing the Essential Father. In: American Psychologist. Journal of the American Psychological Association. Vol. 54, No. 6, 397–407.

[30] Smuts, B. B. & Gubernick, D. J. (1992). Male-infant relationships in nonhuman primates: Paternal investment or mating effort? In: B. S. Hewlett (Ed.), Father-child relations: Cultural and biosocial contexts (pp.1–31). New York: Aldine de Gruyter. Thornhill, R. & Thornhill, N. W. (1992). The evolutionary psychology of men's coercive sexuality. Behavioral and Brain Sciences, 15, 363–375. Gould, S. J. (1997, July 12). Darwinian fundamentalists. The New York Review of Books, 10, 34–37.

[31] Pruett, K. D. (1989). The nurturing male: A longitudinal study of primary nurturing fathers. In: S. H. Cath, A. Gurwitt & L. Gunsberg (Eds.), Fathers and their families (pp. 389–405). Hillsdale, NJ: Analytic Press.

[32] Greif, G. L. & DeMaris, A. (1990). Single fathers with custody. Families in Society: The Journal of Contemporary Human Services, 71, 259–266.

[33] Fthenakis (1999).

[34] Auch die Untersuchung von Lamb (1997) belegt, dass sich gegenüber Neugeborenen keine Unterschiede im Betreuungsverhalten bei Vätern oder Müttern erkennen lassen. Stattdessen ließ sich zeigen, dass aufgrund der Tatsache, dass die Mütter so viel mehr Zeit mit ihren Säuglingen verbringen, diese nach gewisser Zeit über einen wesentlich vertrauteren und kompetenteren Umgang mit ihren Säuglingen verfügten. Bei Vätern, welche von Beginn an die primäre Fürsorgerrolle übernommen hatten, zeigte sich dagegen, dass diese genauso kompetent und sensibel sind wie Mütter (Lamb, 1997, s. Fußn. 44).

[35] Popenoe, D. (1996). Life without father. New York: Pressler Press.

[36] Zihlman, A. L. (1997). Women's bodies, women's lives: An evolutionary perspective. In: M. E. Morbeck, A. Galloway & Al. L. Zihlman (Eds.), The evolving female: A life history perspective (pp. 185–197). Princeton, NJ: Princeton University Press.

[37] Hetherington et al. (1998). What matters? What does not? Five perspectives on the association between marital transitions and children's adjustment.

[38] Amato, P. R., Loomis, L. S. & Booth, A. (1995). Parental divorce, marital conflict, and offspring well-being during early adulthood. Social Forces, 73, 895–915.

[39] Pleck, J. H. (1995). The gender role strain paradigm: An update. In: R. F. Levant & W. S. Pollack (Eds.), A new psychology of men (pp. 1–32). New York: Basic Books.

[40] Fthenakis, W. E. (1999). Gleichgeschlechtliche Lebensgemeinschaften und kindliche Entwicklung. In: Max-Planck-Institut für ausländisches und internationales Privatrecht (Hrsg.), Hamburg.

[41] Smuts, B. B. & Gubernick, D. J. (1992), a. a. O.

[42] Blossfeld, H.-P. (Ed.) (1995). The new role of women. Boulder, CO: Westview.

[43] Ein ähnliches Bild zeigt sich bei schichtspezifischen Unterschieden. Väter aus den untersten wie auch Väter aus den obersten Sozialschichten zeigen nur eine geringe Anteilnahme an aktiven Erziehungsaufgaben. Arme Teenager-Väter ohne Schulabschluss sind meist arbeitslos und können schlichtweg keinen bedeutenden Beitrag zur finanziellen Sicherheit ihrer Kinder leisten. Ihren Frauen bieten sie somit keine bedeutsamen Vorteile (Nutzen, attraktive Austauschmöglichkeiten). Umgekehrt verhält es sich bei Vätern aus der Oberschicht, welche meist einzig und allein für die finanzielle Sicherheit der Familie aufkommen. Die meisten Frauen in diesen Familien arbeiten nicht nebenbei. Damit haben die Frauen keine Vorteile anzubieten im Austausch für eine direkte Beteiligung des Vaters an Erziehungsaufgaben.
Haas, L. (1993). Nurturing fathers and working mothers: Changing gender roles in Sweden. In: J. C. Hood (Ed.), Men, work and the family. Newbury Park, CA: Sage.

[44] Pleck, J. H. (1997). Paternal involvement: Levels, sources and consequences. In: M. E. Lamb (Ed.), The role of the father in child development (3rd ed., pp. 66–103). New York: Wiley.

[45] Mit anderen Worten: Mütter und Väter verfügen über das gleiche biologische Potential, sich der Pflege und Erziehung ihrer Kinder adäquat anzunehmen. Formen der geschlechtsbezogenen Arbeitsteilung in einer Kultur werden festgelegt durch die Erfordernisse, welcher der bioökologische Kontext dieser Kultur mit sich bringt.

[46] Blankenhorn, D. (1995). Fatherless America: Confronting our most urgent social problem. New York: Basic Books.

[47] U.S. Department of Justice (1998). Violence by intimates: Analysis of data on crimes by current or former spouses, boyfriends, and girlfrieds. Washington, DC.

[48] (Blankenhorn, 1995; Popenoe, 1996) (vgl. Fußnote 45 und 35).

[49] Daly, M. & Wilson, M. (1985). Child abuse and other risks of not living with both parents. Ethology and Sociobiology, 6, 197–210.

[50] Sternberg, K. J. (1997). Fathers, the missing parents in research on family violence. In: M. E. Lamb (Ed.), The role of the father in child development (3rd ed.).

[51] Malkin, C. M. & Lamb, M. E. (1994). Child maltreadment: A test of sociobiological theory. Journal of Comparative Family Studies, 25, 121–134.

[52] Schließlich führt die „Third National Incidence Study of Child Abuse and Neglect" (Sedlak & Broadhurst, 1996) konkrete Zahlen an, wonach bei 78 % von körperlich misshandelten und vernachlässigten Kindern die Misshandlung ein biologischer Elternteil beging. Hinsichtlich sexuellen Missbrauchs, wurden 46 % der Kinder von einem Fremden missbraucht. Die leiblichen Eltern waren in etwa zu gleichen Teilen an sexuellem Missbrauch beteiligt (29 %) wie nicht leibliche Eltern (25 %). Demnach kann die neokonservative Meinung, dass es v. a. der Stiefvater oder der Freund der Mutter ist, welcher sich am Kind vergeht, nicht aufrechterhalten werden.

Richard Rohr

Parzival und die Suche nach dem Gral

Auf Englisch habe ich ein Buch geschrieben, das heißt „Quest for the Grale“ (Crossroad Book, New York 1994) – „Die Suche nach dem Gral“. Es wurde bislang nicht ins Deutsche übersetzt und ich werde einige Bilder daraus entnehmen, um euch die Sachen näher zu bringen, von denen ich sprechen will. Über 150 Jahre hinweg war die Geschichte vom Heiligen Gral die meisterzählte Geschichte überhaupt. Von 1180 ungefähr bis 1360 wurde sie immer und immer wieder in den verschiedensten Varianten erzählt. Und deswegen gibt es auch nicht eine einzige Version, sondern sehr verschiedene Ausformungen und Ausformulierungen dieser Geschichte. Den meisten von euch wird die Version von Wolfram von Eschenbach vertraut sein, die Parzivalgeschichte. Es gibt aber auch eine französische Tradition dieser Geschichte von Chrétien de Troyes und eine englische Variante, die sehr viel mit König Artus und der Tafelrunde zu tun hat. Ich selbst bin ja fast vollständig mit der englischen Version aufgewachsen und es war eine große Bereicherung, die deutschsprachige und die französische Version kennen zu lernen. Der Grund, warum mein Buch nie ins Deutsche übersetzt wurde, zeigt so ein bisschen, wo das Problem liegt. Ich habe denen gesagt, dass ich aus allen Traditionssträngen ein bisschen etwas herausnehme, und die Deutschen wollten es darauf nicht übersetzen, weil es nicht die reine Parzivalgeschichte sei. Das beleidigt die deutschen Puristen, die Kulturpuristen. Ich selber bin ja kein deutschsprachiger Kulturpurist, und seid daher bitte nicht böse auf mich, wenn ich aus allen drei Traditionen etwas herausnehme. Denn ich versuche herauszufinden, was die Gemeinsamkeiten dieser Geschichten sind und was uns das zu sagen hat. Wie ihr wisst und wie der Feminismus ja sauber herausgearbeitet hat, sind die meisten Geschichten von Männern aufgeschrieben und tradiert worden. Leider Gottes ist das so, und langsam beginnen auch die Frauen ihre Geschichten wieder auszugraben und ins Wort zu bringen. Ich selber gehe an diese Geschichte heran unter der Fragestellung, was die spirituelle Reise des Mannes ist.

Der Narr und Anfänger

Fangen wir mit dem Namen des Helden an, der Parzival heißt. Der Name scheint von dem altenglischen Ausdruck zu kommen, der für „vollkommener Narr“ steht, also jemand, der alles noch zu lernen hat, weil er nichts weiß, etwas, das der Buddhismus den „Anfängergeist“ nennt. Er wächst in den Wäldern auf, also nicht in den Städten, in einer natürlichen, noch von Intuition und Instinkten her geprägten Welt. Wie auch in vielen Heiligengeschichten heißt es, er sei königlicher Abstammung. Das ist eine Art und Weise, zum Ausdruck zu bringen, dass er etwas Heiliges, etwas Göttliches in sich hatte, aber noch nicht davon wusste. Dieses Motiv kommt in vielen Geschichten vor, dass jemand königlicher Abstammung ist, es aber noch nicht weiß und erst langsam entdecken muss. Und natürlich hat er keinen Vater. Wir haben hier eine sehr gute, instinktiv richtige Erfassung der Situation, in der ein Junge aufwächst, ohne einen Vater zu haben. Es heißt nur, dass sein Vater und seine Brüder umgebracht wurden während eines Krieges von Rittern. Darum wird er allein von seiner Mutter in diesen Wäldern aufgezogen. Wir sehen also, dass dieses moderne Problem einer vaterlosen Gesellschaft nicht nur ein heutiges Problem ist, sondern auch damals schon genauso vorhanden war.

Am Anfang der Geschichte kennt Parzival noch nicht einmal seinen eigenen Namen, er weiß nur, wie ihn die Mutter immer ruft. Als er zum ersten Mal aus den Wäldern herauskommt und Menschen begegnet, die ihn fragen, wie er heißt, sagt er: „Lieber Junge“. Und sie fragen ihn: „Ist das dein Name, netter Junge, lieber Junge?“. So erfahren wir eben, dass „schöner Junge“ und „lieber Junge“ die Namen sind, wie ihn die Mutter genannt hat. Zur Zeit seiner Teenagerjahre in der Pubertät hat er ein tiefes Verlangen, von seiner Mutter wegzugehen in die Welt hinaus. Natürlich will die Mutter das nicht, sie will natürlich, dass er bei ihr bleibt, weil er alles ist, was sie hat. Aber er entwickelt, was wir Wanderlust nennen. Er hat einfach Sehnsucht danach, Neues kennen zu lernen, neue Welten zu entdecken. Das ist ja schließlich bei den allermeisten jungen Leuten so. Man findet kaum einen jungen Mann, der nicht reisen will. Der junge Mann findet seine Seele, sein Inneres, über Landschaften, über Horizonte, über Gegenden. Ich lebe im Südwesten der Vereinigten Staaten ganz in der Nähe des Grand Canyon, und wenn man im Sommer dorthin kommt, hört man fast nur Deutsch und Japanisch – ganze Gruppen von jungen, deutschen Männern, die den Canyon rauf und runter steigen.

Vom Suchen und Fragen

Der junge Mann versteht sehr instinktiv, dass er reisen muss, dass das Leben eine Wanderung ist, dass er auf eine Suche gehen muss. Das englische Wortspiel mit „Quest" funktioniert leider nicht auf Deutsch: „Suche" ist dasselbe Wort wie „eine Frage stellen". Auf die Suche zu gehen bedeutet, die Frage, die Antwort zu suchen, und die ganze Geschichte dreht sich darum, dass Parzival die richtige Frage findet. Er findet sie erst ganz am Schluss. Die ganze Zeit über wird er entweder seine Frage wieder vergessen haben oder die falschen Fragen stellen oder überhaupt nicht mehr wissen, was die richtige Frage ist.
Wie in der Jesusgeschichte, der als Zwölfjähriger weggeht in das Haus seines Vaters, finden wir Parzival als einen, der weggehen muss von seiner Mutter, um auf die Suche zu gehen. Wir erfahren den Namen dieser Mutter in der Szene, in der er weggeht, und er heißt „schweres Herz" (Herzeloyde – Herzleid). Natürlich fühlt er sich schuldig, dass er seiner Mutter diese ganze Traurigkeit aufbürdet, und er überlegt schon fast, ob er nicht doch dableibt. Schließlich sendet sie ihn auf seine Reise, auf seine Suche, durch diese wunderbare weibliche Energie, die sie ihm mitgibt. Gleichzeitig ruft sie ihn jedoch zurück und will, dass er bei ihr bleibt. So will auch er weggehen auf seine Reise, und gleichzeitig doch drängt es ihn, wieder zurückzukommen, um seiner Mutter zu helfen, um wieder bei ihr zu sein. Dieses Hin und Her drückt die Ambivalenz ganz gut aus, die sich in jeder männlichen Seele findet, und oft verstehen die Frauen diese Ambivalenz nicht, die sich in der Seele eines Mannes abspielt.
Schließlich sagt die Mutter zu ihm: „Ja, du kannst gehen, aber ich gebe dir drei Regeln mit auf den Weg." Die erste Regel lautet: „Respektiere alle Frauen, die du triffst, aber nimm den Ring von ihnen." Sie will, mit anderen Worten, dass er sich eine gute Frau nimmt, und das ist es ja auch, was sich jede Mutter normalerweise für ihren Sohn wünscht. Die zweite Regel ist – als gute Mutter:

„Geh jeden Tag in die Kirche, und dort wirst du die ganze Nahrung bekommen, die du brauchst." – Ist das nicht schön? Das ist eine Bewegung in ein Bewusstsein. Aber die dritte Regel ist eine, die ihn versucht unbewusst zu halten. Die dritte Regel lautet nämlich: „Stell keine Fragen." Denn jede Mutter weiß, wenn man zu viele Fragen stellt, mögen einen die Leute nicht. Als ich in Amerika begonnen habe Kassetten zu machen, bin ich einmal heimgekommen zu meiner Familie nach Kansas. Meine Mutter war eine einfache, ungebildete Bauersfrau. Sie hat gehört auf meinen Kassetten, dass ich manchmal „schlechte Ausdrücke" hernehme, und sie sagte mir: „Dickie, nimm nicht diese Wörter her, sonst kaufen die Leute deine Kassetten nicht." Sie sagte halt, was Mütter so normalerweise sagen, wenn sie sich Sorgen machen.

Mutter hat gesagt

Also Parzival macht sich auf aus seinem Wald heraus, und in einer Version heißt es, er macht sich weg von der dunkelsten Stelle des Waldes. Jede bedeutsame Reise beginnt bei unserem Schmerz, bei unserer Verletztheit, bei unseren Wunden. Das ist der Grund dafür, warum so viele Urlaubsreisen Menschen nicht verändern. Denn die Leute wollen einfach zwei Wochen lang gut drauf sein. Aber eine Pilgerschaft ist nicht auf Freuden ausgerichtet, sondern geht in das Dunkle hinein, und Parzivals Reise ist nun mal weiß Gott keine Urlaubsreise, sondern eine Pilgerfahrt; auch wenn er das jetzt noch nicht weiß. Das Erste, was er auf seiner Straße trifft, sind fünf Ritter, und es ist das erste Mal, dass er andere Männer sieht. Er ist absolut fasziniert von dieser männlichen Energie, auf die er da trifft, und fragt sie: „Seid ihr Götter oder Engel?" Da ist seine große Sehnsucht, ein Mann zu werden, und jetzt trifft er auf Männer und hält sie für etwas Göttliches. Wir sehen das oft bei Zwölf-, Dreizehnjährigen, dass sie andere Männer sich als Vorbild nehmen und ganz fasziniert sind von diesen Männern. Parzival ist so fasziniert von den Pferden und ihrer Rüstung. Junge Männer sind fasziniert von Kraft und von Gewalt, Aggressivität.

Er geht weiter und kommt zu einem zerstörten Kloster, von dem es heißt, dass das Korn nicht mehr wächst und sich das Vieh nicht mehr vermehrt. Der Brunnen des Klosters ist ausgetrocknet und die

Bäume tragen keine Früchte mehr. Wir wissen, dass diese Parzivalgeschichte in einer Zeit entstanden ist, als es der Kirche nicht gelang, zu den Menschen vorzudringen; wie in der heutigen Zeit. In diesen Bildern fanden die Laien eine Möglichkeit, spirituelle Themen in einer Laiensprache auszudrücken und nicht in der abgehobenen, theologischen Sprachwelt. Deshalb ist dieses heruntergekommene, verfallene Kloster ein Bild für diese Kirche, die nicht mehr erreichbar ist für die Menschen. In einer Geschichte heißt es, die Eucharistie sei immer noch im Tabernakel, aber der Schlüssel ist nicht mehr da, mit dem man ihn aufschließen könnte. Unsere Vorfahren haben also einen wunderbaren Weg gefunden, sehr wahre Dinge in einer schönen, bilderreichen Sprache auszudrücken. Parzival achtet kaum auf dieses heruntergekommene, verfallene Kloster. Er wüsste auch gar nicht, was er tun soll – und so geht er weiter. Das scheint auch heute noch die Erfahrung zu sein, dass wir einfach nicht wissen, was wir mit dieser Kirche tun sollen – und einfach weitergehen.
Etwas weiter die Straße entlang sieht er ein Zelt und erinnert sich an die Anweisung seiner Mutter, immer in die Kirche zu gehen. Er glaubt, das Zelt wäre eine Kirche, geht hinein und findet etwas vor, was in der Geschichte „eine namenlose Frau“ genannt wird. Er speist mit ihr und fragt sie, ob er ihren Ring haben kann, weil er ja diesen Auftrag von seiner Mutter hat, und er steckt ihn sich selber an den Finger. Sie aber entgegnet ihm: „Nein, nein, du musst jetzt gehen, ich bin schon verlobt.“ Es scheint ein sehr oberflächliches Zusammentreffen mit einer Frau zu sein, wie überhaupt die ersten Zusammentreffen mit einer Frau sich oft sehr oberflächlich abspielen. Die Begegnung hat keinen besonderen Tiefgang, ihr Name ist nicht einmal bekannt, und er geht ja auch wieder relativ schnell weg. Ich denke, die meisten Männer und auch Frauen würden zugeben, dass ihre ersten sexuellen Erfahrungen eine solche Oberflächlichkeit hatten. Wir wissen einfach noch nicht genug, wie man lieben kann, wie man eine Beziehung aufbaut, wie man tiefer in diesen Bereich hineinkommt.

Der rote Ritter

Parzival geht auf die Straße zurück und trifft auf den roten Ritter. Er scheint in der Geschichte ein Symbol zu sein für Gewalt und für außerordentliche männliche Kraft. Rot ist natürlich die Farbe von Blut, von Gewalt, aber auch von Liebe, von Passion. Interessanterweise bringt Parzival ihn sofort um, und zwar mit seinem eigenen Schwert. Wir sehen wieder, dass es der erste Wunsch eines jungen Mannes ist, kraftvoll, stark zu sein, und so will er die Stärke eines anderen Menschen, eines anderen Mannes, nehmen und sich zu Eigen machen. Er nimmt die Rüstung dieses roten Ritters und zieht sie an, aber über die Kleidung, die er noch von seiner Mutter hat. Er ist also noch zutiefst der Mutterjunge von seiner ersten Kleidung her, aber er stülpt sich diese Maskulinität, die Männlichkeit, darüber. Das ist wie das Auftreten der jungen Männer, wenn sie, um ganz männlich zu sein, sich besonders machomäßig und cool geben. Nachdem er diesen Ritter getötet hat, nimmt er auch dessen Pferd und reitet einen ganzen Tag und eine ganze Nacht lang, weil er nicht weiß, wie man das Pferd anhalten kann. Das ist das, was man „Suchtverhalten" nennen könnte: Man hat so die ersten Erfahrungen gesammelt mit Leidenschaft und mit Gewalt, weiß aber nicht mehr, wie man das anhalten kann. Das Motiv wiederholt sich noch ein paar Mal, dass er nicht weiß, wie man das Pferd anhalten kann. Genau genommen reitet ja nicht er das Pferd, sondern das Pferd reitet ihn – und das ist die Natur der Leidenschaft, unserer Triebe, solange wir sie nicht beherrschen, nicht gezähmt haben. Genau zu diesem Zeitpunkt, an dem es ihm nicht gelingt, das Pferd zu stoppen, fehlt ihm seine Mutter. Er schafft es zumindest, dem Pferd eine Richtung zu geben, dass er wieder nach Hause reiten kann.

Aber als er wieder auf dem Weg zurück ist, kommt er an einer Burg vorbei. In dieser Burg findet er eine Frau vor, die Blancheflor heißt, aus der französischen Tradition heraus „eine weiße Blume", also die junge Jungfrau. Ich habe noch vergessen zu sagen, dass er eine ganz anfängliche Begegnung mit einer Vaterfigur auch schon hatte, und die Vaterfigur hat ihm ganz dringend eingeprägt: „Verführe keine Frau und lass dich auch nicht von einer Frau verführen." Nun tut ihm diese Regel Leid, weil er sich unsterblich in diese Blancheflor verliebt hat und sie verführen will. So liegen sie dann nebeneinander nackt im Bett, schauen sich in die Augen, aber berühren sich nicht. Die Männer werden an dieser Stelle vielleicht lachen, aber das reflektiert ein bisschen diese Tradition der höfischen Liebe im 13. Jahrhundert. Es war eine Art von Liebe, eine Beziehung zu einer idealisierten Dame, die durch Sexualität zerstört worden wäre. Diese Verbindung musste idealisiert sein, sonst wäre die Energie verloren gegangen. Diese Tradition der höfischen Liebe ist heute fast vollständig verschwunden, aber sie beinhaltet doch einen Kern von Wahrheit, der es wert wäre, darüber mal nachzudenken. Ich kenne viele Jugendliche in Amerika, die aufgewachsen sind mit schnellem, billigem Sex und nachher sagen, sie wären froh gewesen, wenn sie es nicht gemacht hätten. Sie sagen, es war keine Romantik dabei, es war nur Sex – und Romantik ist aufregender als Sex. In diesem Sinn liegt Parzival im Bett mit ihr und am nächsten Tag verlässt er die Burg.

Pate und Mentor

Bald darauf trifft er auf seinen nächsten Paten, seinen nächsten Mentor, und der heißt Gurnemanz. Als Erstes sagt er ihm, er soll das selbst gewobene Teil von seiner Mutter ausziehen, das er noch unter seiner Rüstung anhat, und das bedeutet auch: „Zieh deine Rüstung aus." Er kommt also wieder in einen Zustand zurück – zu dem Jungen, dem man etwas beibringen kann. Da gibt er ihm die Frage, und die Frage lautet: „Wem dient der Gral?" bzw. „Wofür dient der Heilige Gral?" Parzival versteht überhaupt nicht, wovon die Rede ist, denn er hat noch nie etwas von einem Heiligen Gral gehört. Ich sollte vielleicht dieses Wort „Gral" kurz erklären: Es scheint von dem Ausdruck „sangre real" zu kommen, „tatsächliches Blut", das zu „Gral" zusammengezogen wurde und das „Blut Christi" bedeutet. Parzival weiß ja noch gar nicht, dass er nach diesem Heiligen Gral sucht, wie auch wir oft nicht wissen, dass unsere ganze Suche eine Suche nach Gott ist, dass, egal was wir anstreben, egal wo unsere Sehnsucht hingeht, es eine Sehnsucht nach Gott ist. Gurnemanz schärft ihm wiederum ein, dass er keine Frau verführen soll und sich auch nicht verführen lassen soll von einer Frau. Der Hintergedanke dabei ist natürlich, dass er Gott nicht ersetzt durch diese Frau, dass er nicht in der Burg bleibt bei der Frau, anstatt seine Reise fortzusetzen. Nachdem Parzival einige Monate bei Gurnemanz war, macht er sich wieder auf die Reise. Hier gibt es nun wiederholt Anzeichen, dass er entweder eine Freundin oder seine Mutter wieder sucht. Die Weiblichkeit im Mann drängt ihn dazu,

Weiblichkeit zu suchen, zum Guten oder zum Schlechten. Er will mehr davon und gleichzeitig will er davon wegkommen – das ist wieder die männliche Ambivalenz. Die Frauen kennen das und leiden zu einem großen Teil darunter, denn es ist nicht die Art und Weise, wie eine Frau an die Beziehung herangeht. Männer sind da viel ambivalenter, was das angeht: hin zu, und wieder weg von, hin zu, weg von …

Der Schwellenraum

Als Parzival durch einen Wald so dahinreitet, trifft er auf einen Fischer, und wir können annehmen, dass dieser Fischer eine Christusgestalt ist. Der Fischer weist ihn auf eine andere, neue Burg hin, die von einem Graben mit einer Ziehbrücke umgeben ist. Sobald er in diesen Burghof hineingeritten ist, schließt sich dieses Tor und die Brücke wieder. Jetzt befindet er sich in einem speziellen Raum, und zwar in einem abgeschlossenen Raum. Wie einige aus meinen früheren Vorträgen schon wissen, nenne ich das „Schwellenraum" („liminal space" – limina bedeutet Schwelle). „Schwellenraum" bedeutet, dass man etwas Altes verlassen hat, das nicht mehr da ist, und in dem Neuen noch nicht drin ist. Es ist dieser Zwischenraum, und alle großen Transformationen passieren genau in diesem Zwischenraum. Der Schlüssel ist, Leute in diesen Schwellenraum zu bringen, und den Rest macht Gott. Man ändert sich nicht, wenn man noch im alten Raum ist, man muss dort raus. Parzival ist nun in diesem Raum, auf diesem Schloss, der Burg, die Gralsburg heißt. Einen Großteil der Reise hat er ja schon zurückgelegt, hat Männlichkeit und Weiblichkeit in unterschiedlichster Weise kennen gelernt: er hat schon geliebt und er hat schon gelitten.
Man ist nicht bereit für Spiritualität, wenn man nicht schon eine Zeit lang gelebt hat. Auch Jesus selber hat nicht gelehrt, bevor er 30 Jahre alt war. In dieser Burg sind nun zwei Könige, und die Burg selbst ist natürlich die Seele. Die zwei Könige sind die zwei Seiten der männlichen Seele: es gibt den Gralskönig und es gibt den verletzten König. Der verletzte König wird Anfortas genannt, kraftlos, schwach, heißt er manchmal auch der Fischerkönig, denn er ist an seinen Genitalien verwundet und kann den ganzen Tag nur fischen. Er hat seine Potenz verloren, seine Kraft, seine Fruchtbarkeit. Aber

auch das „Fischen“ ist eine wunderbare Metapher dafür, den Zugang zum Unterbewussten zu suchen und zu finden. Man sagt, dass dieser Fischerkönig nicht leben kann auf Grund seiner Wunden, auf Grund seiner Verletztheit, aber er kann auch nicht sterben wegen des Grals, denn der Gral ist in dieser Burg, aber bei einem anderen König, dem Gralskönig. Sein ganzes Königreich ist verödet, nicht nur dieses erwähnte Kloster ist zerstört, sondern alles liegt danieder. Das Gedicht von T. S. Eliot über dieses öde Land ist genau auf dieser Geschichte aufgebaut, und Eliot sagt, dass die postmoderne Zeit und Gesellschaft so ein ödes Land ist, ein Haufen zerbrochener Bilder. Es ist eine Zeit, in der die Bilder nicht mehr die Kraft haben, Transformation auszuüben, und nichts Veränderndes mehr von ihnen ausgeht.
Am Abend, als die Dämmerung hereinbricht, trifft Parzival auf den Gralskönig. Er weist ihn an, Platz zu nehmen und einer Prozession beizuwohnen, die aus einem Raum der Burg herkommt. Drei Gestalten prägen diese Prozession. Als Erstes kommt ein junger Mann mit einem Schwert. Diejenigen, die die Initiationsriten bei mir mitgemacht haben, wissen, das Erste, was ein junger Mann lernen muss, ist, hart zu sich selber zu sein. Das Schwert ist auch ein Symbol der Unterscheidung zwischen Hell und Dunkel, die Fähigkeit zwischen Gut und Böse unterscheiden zu können.

Vom kleinen und großen Selbst

Die zweite Gestalt ist ein Mann, der mit einer blutigen Lanze daherkommt, und auch er symbolisiert den Preis, den Transformation kostet. Es ist der Preis dafür, dass das Ego sterben muss, dass das „kleine Selbst“ immer zuerst sterben muss, bevor das „größere Selbst“ zum Vorschein kommen kann. Alle Religionen sprechen davon in ganz unterschiedlichen Bildern. Sogar die Indianer reden von dem „selbst“ kleingeschrieben und dem „Selbst“ großgeschrieben. Für die Buddhisten ist es der Unterschied zwischen dem kleinen Bewusstsein, dem „kleinen Selbst“ und dem „Buddha-Selbst“. Es ist eine unterschiedliche Erfahrung des „Ichs“, wie sie Paulus im Galaterbrief formuliert: „Nicht länger lebe ich, sondern Christus lebt in mir.“ Transformation ist immer Transformation der eigenen Identität, man selber wird verändert, das „Selbst“ wird verändert. Es

ist die Transformation des eigenen „kleinen Selbst" zum „königlichen Selbst". Wenn man vierzig Jahre lang mit dem „kleinen Selbst" gelebt hat, meint man, das wäre das Einzige, das es gibt. Dann wird man es energisch verteidigen, weil es alles ist, was man hat, und wenn man es dir wegnimmt, fühlt es sich an wie Sterben. Deswegen ist es so schwierig, Leute auf eine spirituelle Reise einzuladen, denn sie wollen, dass man das nur „kleine Selbst" ein bisschen ausstaffiert. Wir haben viele „kleine Selbste", auch bei guten Katholiken, die jeden Sonntag mit ihrem „kleinen Selbst" in die Kirche gehen – aber es gibt keine Transformation in ihrem Leben.
Wie leicht jemand beleidigt ist, bildet das Kriterium dafür, ob man ein „kleines Selbst" hat. Das „große Selbst" ist nicht zu beleidigen. Wenn jemand die ganze Zeit klagt und jammert, weiß man untrüglich, dass er/sie noch im „kleinen Selbst" ist. Aber fühlt euch jetzt nicht schlecht, wenn ihr euch da wieder findet, denn es braucht eine lange Zeit, bis man bei dem Neuen ankommt. Auch ich bin anfangs noch ziemlich beleidigt.
Nach den beiden Gestalten mit dem Schwert und der blutigen Lanze kommt eine wunderbare, schöne Frau, die den Gral trägt, aber dieser Gral ist verhüllt. Parzival sieht das, ist entzückt und steht fasziniert davor. Hier wird die ganz ursprüngliche religiöse Erfahrung beschrieben, eine „Ersterfahrung". Parzival handelt hier nicht, sondern es geschieht etwas mit ihm. Dann kommen junge Männer, nehmen ihn mit, ziehen ihm die Kleider aus, baden ihn und führen ihn zu einem reichhaltigen Mahl. Alles wird ihm gemacht, alles wird ihm zugetragen, denn man kann religiöse Erfahrung nicht „machen" – es wird uns gegeben, es ist ein Geschenk. Man kann Gott nur dafür danken, wenn es passiert. Am nächsten Tag steht er auf, immer noch in großer Verzückung und in tiefem Frieden, steigt auf sein Pferd und reitet fort. Hinter ihm schließt sich dann wieder die Zugbrücke, kaum dass er aus der Burg heraus ist. Es ist eine Einzelerfahrung, man kann Gott nicht in die Hosentasche stecken, man kann diese Erfahrung nicht wieder machen wollen.

Begegnungen

Parzival ist zurück im Wald, und jetzt überspringe ich ein paar Sachen. Er trifft auf einer Straße drei weitere Frauen. Die Erste, auf

die er trifft, hat sechs Jahre lang nicht mehr gelacht, und er bringt sie zum Lachen. Er besitzt jetzt die Freude in seinem Herzen, und er kann sie weitergeben. Die Frau nennt ihn den besten Ritter auf der ganzen Erde, was natürlich jeder Mann gerne hört. Danach trifft er auf eine trauernde Frau, die klagt, wie sehr sie darunter leidet, dass er den roten Ritter umgebracht hat. In der englischen Tradition werden die toten Ritter immer wieder zu König Artus zurückgebracht. Parzival wollte damals zeigen: schaut her, das hab ich gemacht, ich bin stark, ich bin kraftvoll. Nun fragt ihn die trauernde Frau nach seinem Namen, und zum ersten Mal kennt er seinen Namen, zum ersten Mal sagte er, „Mein Name ist Parzival." Es scheint so zu sein, dass man den eigenen Namen nicht kennt, solange man dem Leiden einer anderen Person nicht begegnet ist. Es ist die Begegnung mit unserem Unbewussten, mit unserem Schatten, die uns zu Bewusstsein bringt. Wenn das nicht passiert, bleiben wir wie Ikarus, diese griechische Gestalt, der dauernd als Junge herumfliegt und dann natürlich irgendwann einmal abstürzt, als er der Sonne zu nahe kommt.
Die dritte Frau ist eine hässliche Frau, die Kundrie genannt wird und ihn anklagt, welch furchtbarer Mensch er sei. Wir haben also eine Frau, die nicht gelacht hatte, eine Frau, die traurig war, und wir haben nun eine Frau, die dauernd anklagt. Das scheinen die drei Frauentypen zu sein, mit denen ein Mann im Leben umgehen muss. Diese dritte Frau zählt ihm vom Beginn seines Lebens an alle seine Vergehen und Fehler auf, alles was er nur irgendwann einmal falsch gemacht hat, und sie erinnert ihn daran, dass er noch nicht die richtige Frage gestellt hat. Obwohl er schon in der Gralsburg war, hat er sich nicht einmal daran erinnert, eine Frage zu haben. Parzivals Gefühl der Niedergeschlagenheit durch diese anklagende Frau können wir gut nachvollziehen, und ich glaube, jeder Mann versteht, was hier vor sich geht. Ich habe es den Männern heute in der Früh schon gesagt und es ist für die Frauen ganz gut, wenn ich es nochmals wiederhole.
Männer sind viel einfacher gestrickt als Frauen. Männer brauchen in der Regel nur eine einzige Sache, und das ist Respekt. Ein Mann muss sich respektiert fühlen, sonst stirbt er, ganz gleich ob das ein einfacher, ungebildeter Mann ist oder ein hoch stehender, weiser Mensch – er braucht Respekt. Das erwarten auch wir Männer untereinander, dass wir vom anderen respektiert werden. Wenn das

aber nicht passiert, dann stirbt ein Mann oder er geht in den Angriff über.
Schließlich trifft Parzival noch auf einen schwarzen Ritter, der in den Gräbern lebt, und er findet heraus, dass es der Bruder des roten Ritters ist. Der schwarze Ritter kommt und vergibt ihm, dass er seinen Bruder umgebracht hat. Er sagt: „Hasse mich nicht und bring mich nicht um, ich tue dir nichts, sondern hilf mir heraus aus diesen Gräbern und wir werden Freunde." In der heutigen Sprache würden wir sagen: „Schließ Freundschaft mit deinem Schatten." Dazu gehört auch die Gewalt, die in jedem von uns steckt, und die Rachegedanken, dass wir die sein lassen können. Dieser Ritter, der in den Gräbern wohnt, steht für alles, was wir an uns selber nicht mögen, wofür wir uns schämen, unsere dunkle Seite. Nachdem Parzival mit dem schwarzen Ritter Freundschaft geschlossen, stellt er fest, dass es Karfreitag ist. Er erinnert sich wieder daran, dass seine Mutter ihm aufgetragen hat, jeden Tag in die Kirche zu gehen, und er es lange nicht mehr getan hat. So geht er in die Kirche und, da ihn die Frau Kundrie an alle seine Sünden und Vergehen erinnert hat, geht er zu einem Eremiten zur Beichte. Der Eremit weist ihn dann an: „Geh zurück zu dieser Gralsburg, aber vergiss die Frage diesmal nicht."

In der Gralsburg am Ziel

Als ein Gewandelter kommt er zurück zur Gralsburg und sieht erneut diese Offenbarungen mit der Prozession. Doch diesmal nimmt er das Schwert in die Hand und die blutige Lanze, denn er scheint jetzt stark genug zu sein, Schmerz auszuhalten. Mit der blutigen Lanze geht er zum verwundeten König und berührt ihn mit der Lanze. Das ist ein wunderbares Bild, dass nicht nur die Väter die Söhne heilen können, sondern dass auch die Söhne ihre Väter. Wenn der Sohn seine spirituelle Arbeit geleistet hat, kann er zum Vater, zum geistlichen Vater seines leiblichen Vaters werden. Sofort, es ist eine mythologische Erzählung, tritt die Heilung ein und das öde Land beginnt aufzublühen und wieder fruchtbar zu werden. Jetzt endlich stellt er die Frage an den verletzten und nun geheilten König: „Worum geht es hier?" Kurz gesagt ist die Antwort: „Alles dient dazu, um Gott zu finden, alles ist eine Schule, in der man lernt: wie finde ich Gott."

Das ganze Königreich ist wieder hergestellt, geheilt, der verwundete König stirbt kurz darauf (darf sterben), aber als geheilter Mensch. Parzival heiratet Blancheflor und sie leben glücklich, wenn sie nicht gestorben sind. Ich gebe zu, dass ich alles sehr vereinfacht und euch nur die Hauptlinie der Geschichte erzählt habe. Aber ich hoffe, dass es euch einen kosmologischen Rahmen gibt, in dem unsere Sinnsuche sich abspielt. Mythische Geschichten geben unserer Seele Raum, die eigene Geschichte wieder zu finden und zu entdecken. Sie beantworten nicht alles, sie klären nicht alles restlos auf wie ein Katechismus, der alle Antworten parat hat. Ich bin nicht gegen alle Formen von Antworten und manche gefallen mir selber sehr gut, aber diese Geschichte teilt uns gerade mit, dass nicht die Antwort entscheidend ist, sondern die Frage. Wenn du schon dabei bist, die richtige Frage zu finden, bist du auf der Suche.

Richard Rohr

Vom Jungen zum Mann

Die Wiederentdeckung von Initiationsritualen in unserer Zeit

In den vergangenen fünf Jahren habe ich viel über den Prozess von heranwachsenden Jungen in verschiedenen Kulturen geforscht und gelesen. Es scheint, dass es nur der moderne Westen für unnötig hält, junge Männer zu initiieren. Dagegen haben viele Kulturen gespürt, dass junge Männer, wenn sie nicht in die Geheimnisse oder Weisheiten eingeführt werden, nicht wissen, wie sie mit ihren Schmerzen umgehen können, und ihre Kraft fast immer missbrauchen. Es sieht so aus, als hätten sie Recht.

Zeitgenössische Phänomene wie der Aufmarsch von einer Million Männern bei den „Promise Keepers" oder die weltliche Männerbewegung versuchen auf ihre Weise, diese Leere, dieses Vakuum anzusprechen. Von allen Themen, die ich anspreche, sind es die der männlichen Spiritualität, der männlichen Reise und der Initiationsriten für Männer, die am stärksten nachgefragt werden und am meisten Echo haben. Unsere Kirchen haben zwar ihre Erneuerungsbewegungen und ihre Initiationssakramente, aber eine neue Studie zeigt, dass 80 Prozent der aktiven Kirchenmitglieder Frauen sind.

Männer scheinen nicht in der Welt der Spiritualität beheimatet zu sein, oder zumindest nicht in der Spiritualität, wie wir sie in den westlichen Kirchen finden. Ohne unfair sein zu wollen, viele der Männer, die in die „Religion des weißen Mannes" involviert sind, gelten bei anderen entweder als Softies, als schuldgeplagt, nicht so cool oder an Mutters Rockzipfel hängend. Das ist kein attraktiver, bedeutungsvoller oder weltverändernder Lebensweg mehr. Doch der engagierte Gott, der Männer wie Moses, Paulus und Martin Luther King verändert hat, muss größer sein als das, wofür man ihn hält. Initiation führt die jungen Männer hin zu einem größeren Gott, der die Männer herausfordert. Vielleicht laufen sie vor so einem Gott davon, aber tief im Inneren wissen sie, dass dieser Gott mit ihnen und für sie läuft.

Initiation funktioniert nur, wenn es eine kollektive, spirituelle Weisheit gibt, in die ein Junge eingegliedert werden kann und die bei der großen Mehrheit des Volkes akzeptiert ist und als wertvoll gilt. In einer dekonstruktiven Kultur gibt es nichts, in das ein junger Mann hinein initiiert werden kann, außer vielleicht in seine persönliche männliche Sensibilität. Das ist gut und sogar notwendig, aber es schafft keine zusammenhängende Kultur, keine sichere und vernünftige Zivilisation. Als Durchgangsriten, Initiationsriten eben, finden wir nur noch die letzten kollektiven Gemeinsamkeiten: Sport, Bildung, Arbeit und Krieg. Trainer und Ausbildungsoffiziere, Rauchen und Autofahren, Geld und Auszeichnungen, Titel und Freundinnen sind heute unsere einzigen Mentoren und Initiationsriten. Das alles kann uns etwas lehren, aber es ist niemand da, der uns sagt: „Du musst Gott darin hören" oder „Deine Seele steht auf dem Spiel". Das wäre die Macht des transformierenden Schwellenraumes, den wir Initiation nennen.
Möglicherweise werden wir ohnehin durch das Leben selbst initiiert, aber es könnte bereits zu spät sein, oder wir begreifen die heilige Bedeutung der Dinge nicht, während sie geschehen. Ohne Initiation ist es eine desillusionierende, ernüchternde Welt. Alles was wir tun können, ist kalkulieren und kontrollieren, weil niemand sonst die Kontrolle hat; zumindest niemand, den wir getroffen haben oder dem wir vertrauen können. Ein nicht initiierter Mann lebt in einem isolierten Körper und in einer unzusammenhängenden Welt. Er muss selbst die Verantwortung übernehmen für das Schaffen von Mustern und Verbindungen, wenn es überhaupt noch welche gibt. Es ist eine unheile, widersprüchliche und schließlich unsichere Welt. Es ist kein Wunder, dass der typische junge Mann in unserer nicht-mythischen Kultur so viel Zeit verbringt mit Positionieren, Aufsteigen und Überkompensieren. In seinem Herzen weiß er, dass das alles nicht echt ist – und deshalb nicht heilig.
Ein wirklich initiierter Mann jedoch lebt in einem heiligen Sinnzusammenhang. Sogar das scheinbar Absurde und das Schmerzvolle haben Bedeutung. Wahrscheinlich beschäftigt sich keine Weltreligion so direkt und wirksam mit dem Thema menschlichen Leidens wie das Christentum. Der gekreuzigte und aufgerichtete Jesus ist ein endgültiges Symbol für Transformation (Umwandlung) und Initiation. Die Initiationssakramente, die passend während der Fas-

tenzeit und zu Ostern gefeiert wurden, waren der Schwellenraum, der neue Christen initiierte und die alten ‚re-initiierte' in die heiligen Geheimnisse. Wenn ich heute von Geheimnissen spreche, dann scheinen manche Christen gar nicht zu wissen, dass es da welche gibt. Das ist das tragische Ergebnis nicht nur von Jahrhunderten nicht-initiierter Christen, sondern auch der Gier nach Gewissheit und Vorhersagbarkeit, die die westliche Kirche charakterisiert hat.
Grundsätzlich geht es bei Initiation viel mehr um das Flechten einer heiligen Kosmologie des Sinns als um bestimmte moralische Prinzipien. Rituale, so scheint es, wirken mehr auf das Unbewusste und bereiten uns darauf vor, bewusste Erfahrungen zu machen. Folglich sind Initiationsriten das Gegenteil von Anstandsstunden, in denen man korrektes Verhalten lernt. Vielmehr kann das Ritual Sinn und Bedeutung zusammenhalten, Gegensätze verbinden, das Unbewusste ansprechen und letztendlich mehr verändern als Predigten und Argumente. Das wird keine einfache Lektion für das westliche Denken, besonders für viele der protestantischen Christen.
Für den Mann, der in dunklen Gewässern hinabgestiegen und auf der anderen Seite wieder aufgetaucht ist, für den Eingeweihten, den Initiierten, der im Bauch des Walfisches war und wieder ans Ufer ausgespuckt worden ist, gibt es eine endgültig neue Gestalt der Welt. Es ist eine neue Wiederverzauberung, es funktioniert jetzt anders, als erwartet, jemand ist an seiner Seite, er ist nicht allein, und der junge Mann weiß bis in die Knochen: „Mein Leben dreht sich nicht um mich". Der Initiierte weiß von nun an, dass immer etwas sterben muss, und bevor wir dieses Sterben nicht durchlebt haben, gibt es etwas Wesentliches, das wir nicht kennen. Es ist immer das falsche Selbst, das sterben muss, damit das göttliche Selbst geboren werden kann. Das ist ein bedeutender Eingriff in das persönliche und sich großartig vorkommende Ich, ein Eingriff, den wir alle vermeiden, wenn wir können. Das Beste, was der Initiant tun kann, ist die vorhandenen Vorbilder zu entdecken und zu würdigen. Sie waren schon vor ihm da und werden noch da sein, wenn er schon gegangen ist. Er ist gesegnet, nicht wegen seines persönlichen Wertes, sondern weil er verbunden ist mit dem, was ist. Aber diese Verbundenheit, die ihn als Pilger in der Welt zurücklässt, ist nichts, das wir überprüfen oder beweisen könnten, und deshalb verwenden wir das eigenartige Wort „Glaube". Doch er wird viel vom Rest seines Lebens damit verbringen, Verbundenheit herzustellen – so gut er kann.

Säkulare Initiation

Eine Art der Initiation war für Generationen von Männern der Krieg. Er lehrte sie Selbstdisziplin um des gemeinsamen Gottes willen, Selbstaufopferung für etwas Größeres als sie selbst, Ehrfurcht vor Fahnen und Hymnen, Verehrung für Land und Ideologie. Und wir müssen zugeben, dass diese säkulare, weltliche Initiation dazu diente, das herrschende Ego um eines größeren Selbst willen zu relativieren.

Wir haben nichts gefunden, um das Lebensgefühl zu ersetzen, das Männer finden, wenn sie zu etwas Größerem gehören, als sie selbst sind. Es nimmt ihnen ihre schweifende Unruhe, und wie ein Feigenblatt verdeckt es ihr ursprüngliches Schamgefühl. Tod und Auferstehung werden jetzt in Kriegsdenkmälern verherrlicht anstatt im Ostergeheimnis, und posthume Ehrenmedaillen lösen mehr Tränen aus als das Leben christlicher Märtyrer. Sport und Prominente sind oft noch am nächsten am mythischen Status. In einer Kultur, die eine Definition von und die Hoffnung auf Helden verloren hat, sind wir zufrieden, wenn wir wenigstens bekannt sind.

In der Initiation geht es darum, echtes und kulturell bedeutendes Heldentum neu zu definieren. Sie sagt dem jungen Mann, wofür es wert ist zu leiden und was wirklich großartig und wunderbar genug ist, um dafür zu sterben. Krieg dient nur als wirksamer Initiationsritus, wenn die Mehrheit einer Kultur der Meinung ist, dass es tatsächlich „wundervoll“ sei, was mehr oder weniger das Muster in der ganzen menschlichen Geschichte war und wogegen nicht einmal Religion standhalten konnte.

Wie auch immer, es fiel alles auseinander für die Deutschen nach dem Zweiten Weltkrieg und für die Amerikaner in Vietnam. Jetzt gibt es nichts Mythisches mehr. Was wir in Amerika nach Vietnam haben, ist ein unversehrtes Land von alten Männern, die falsch in die Welt des Militärs und des Materialismus initiiert wurden, Männern mittleren Alters, welche um ihre eigene Bedeutung betrogen wurden, und vielen traurigen jungen Männern, die nicht glauben, dass es noch irgendwelche heiligen Geheimnisse gibt, in die man eingeweiht werden könnte. Kein Wunder, dass wir so zerstörerisch sind. Wir wissen nicht, was wir mit unserem Schmerz tun sollen, und wir wissen, dass das meiste unserer Kraft falsch und wertlos ist.

Leitlinien zu neuer Initiation

Gibt es noch irgendetwas, in das wir junge Männer initiieren können? Gibt es noch eine Übereinstimmung darüber, was wir als „wundervoll“ ansehen? Das sind Fragen, die ich mir noch immer stelle, und ich komme nur zu partiellen Antworten. Ich kann also nur Leitlinien anbieten zur Wiederentdeckung von Initiationsmustern für unsere Zeit und Kultur:

1. Die persönliche Entdeckung von Sinn reicht nicht aus. Es muss eine kollektive Übereinstimmung geben in Bezug auf „das Heilige“. Institutionalisierte Religion kann das derzeit nicht gut kommunizieren.
2. Es muss eine Gemeinschaft geben, die diese Anschauung teilt und die mit Überzeugung und weiterführender Absicht initiiert. Es soll nicht nur ein Wochenend-Highlight sein. Darum kann ich verstehen, warum wir immer wieder auf eine Form von „Kirche“ zurückkommen.
3. Initiation muss in etwas Gutes und Positives führen. Sie soll nicht in eine Ideologie führen, die Angst macht, zornig ist, gegen etwas ist oder über jemand anderen gewinnen muss. Es ist eine Bewegung in einen kontemplativen Raum, wo die Transformation weitergehen kann, nicht in einen Konkurrenzraum, wo ich mich ständig neu definieren und beweisen muss.
4. Idealerweise sollte es eine längere Vorbereitung und Erwartungsphase für den jungen Mann geben. Er sollte mindestens ein Jahr darauf vorbereitet werden, von Paten (eine Rolle, die wieder entdeckt werden muss), Vätern, Onkeln, Großvätern und anderen wichtigen Männern.
5. Was Rituale kraftvoll und wirksam macht, ist, dass sie von unseren Vorfahren gemacht worden sind und mit der archetypischen Vorstellung des Großen, des Guten, des Heiligen zusammenhängen. Für die meisten westlichen Menschen bedeutet dies die Aneignung jüdisch-christlicher Symbole von Transformation. Das kann und soll ergänzt werden durch ortsübliche, natürliche Rituale, die von den Paten und Initiatoren gestaltet werden können. Große archetypische Symbole können aber nicht an einem Wochenend-Ausflug neu geschaffen werden.
6. Das ideale Alter ist irgendwo zwischen 13 und 16, hoffentlich in Verbindung mit der kirchlichen Firmung, bar mitzvah bei

den Juden oder ähnlichen Anlässen. Auch wenn derweil noch vieles über ihren Kopf geht, so wird doch der Übergang und die Kosmologie bleiben und damit besteht die Chance, dass sie zu einem mythischen Universum des Sinnes werden. Wenn die echte Verwundung auch erst in der Mitte des Lebens passiert, wird er vorgewarnt sein und „geimpft" mit dem Kreuz.

7. Während der rituellen Tage ist es wichtig, dass eine intime Verbindung zwischen den Jungen und den älteren Männern entsteht, aus der gegenseitige Liebe und Respekt entstehen kann, ebenso wie ein neuer Status und Verantwortung in der Gemeinschaft. Rechte folgen nur aus dieser Beziehung und Verantwortung heraus. Sie spüren, dass unser mythisches Fundament nicht sehr tief ist, wenn Rechte billig und ohne Verantwortlichkeit erteilt werden.
8. Weder Vater noch Mutter noch sonst einer der Initiatoren fragt den Jungen, ob er das tun „möchte". Ideal ist, wenn es erwartet und herbeigesehnt wird, was schon einige Jahre vorher beginnen und eventuell als Tradition innerhalb der Familie existieren sollte. Der Mangel an einer „Tradition der Erwartung" ist ein großer Teil unseres heutigen Problems, denn wir müssen lange zusammenhalten, um uns eine Geschichte für uns selbst zu schaffen.
9. Alle Initiationsriten haben den Charakter des Geheimnisvollen, einerseits um vorher die notwendige Neugierde und das Interesse zu schaffen, und andererseits um sich von der Unmöglichkeit zu befreien, alles nachträglich erklären zu wollen. Man soll den Jungen vorher nicht viel sagen, außer allgemeinen Angaben wie Zeit und Ort, was sie mitbringen sollen und wer alles dort sein wird. Nachher wird klar sein, was Heinrich Zimmer sagt: „Über das Eigentliche kann man nicht reden."
10. Schlussendlich können wir nur hergeben, was wir haben. Wenn die Väter nicht schon selbst wesentliche, spirituelle Passagen durchgemacht haben, haben sie den jungen Männern nicht wirklich etwas zu sagen. Dann wird es zu einer bloßen Parodie, nervösem männlichen Humor oder gekünstelter Darstellung. Den Jungen mag das vielleicht gefallen, aber es wird kein alternatives Universum verkündet. Wenn meine Generation arrogant behauptete, dass wir niemandem über 30 trauen sollten, so waren wir nur halb im Irrtum. Unser Verhalten war

barsch, aber unsere Bemerkung war korrekt – die meisten Männer der ersten Hälfte dieses Jahrhunderts in Amerika waren nicht Teil einer anderen Welt. Sie kauften das System, wie es war, und gingen zur Kirche irgendwo auf der Seite.

Beispiel eines nordamerikanischen Initiationsmusters

– *Wer:* Paten und männliche Teenager, fast unbegrenzte Teilnehmerzahl, keine Zuschauer.
– *Wo:* Irgendwo in der Natur, weit entfernt von dem, was voraussagbar geworden ist. Ein abgegrenzter und heiliger Raum muss gestaltet werden.
– *Mitzubringen:* Nur was zum Überleben und für das Ritual gebraucht wird: spärlicher Besitz, keine Radios, Kassettenrekorder, Zeitungen oder Bücher, hinter denen man sich verkriechen kann. Jeder junge Mann hat ein spezielles Tagebuch, vielleicht als Geschenk von seiner Mutter, bevor er geht, und in das er mindestens zwei Mal täglich hineinschreiben soll. Ehrliche Gefühle, Ängste, Wünsche, Sehnsüchte, Gebete und Erfahrungen müssen sorgfältig formuliert und ausgesprochen werden, sonst hat das Ganze keinen Tiefgang.
– *Wie lange:* Von einem Minimum von vier Tagen bis zu jeder machbaren Länge. Wenn das Initiationsprojekt nicht gut gestartet werden kann oder das Programm ständig geändert wird, kann die Botschaft von Initiation nicht herüberkommen. Schaffe lange davor eine Erwartung auf alle möglichen Weisen, die du dir vorstellen kannst. Trefft euch öfters als Gruppe, betet zusammen, gebt euch Bücher zu lesen, macht die Erwartung klar, dass alle von Anfang bis Schluss zusammen sein werden.
– *Wie:* Drei Stadien müssen mit jungen Männern ritualisiert, erfahren und besprochen werden:
1. Loslassen, gehen lassen, Trennung
Der Junge muss loslassen von Kindheit, Verantwortungslosigkeit, seinem früheren Status und dem Denken, dass Frauen und ältere Männer seine Diener seien.
Das kann durch eine Art Todesritual geschehen, bei er die ewigen Muster vom Sterben als Vorbedingung für die Auferstehung akzeptieren lernt. Ältere erzählen ein bisschen von ihrer Geschichte.

2. Erfahrung einer anderen Welt hier und jetzt
Gewöhnlich braucht es ein wenig Zeit der sich ausbreitenden Stille, Abgeschiedenheit, Distanzierung von Reizüberflutung, worin der Junge lernen kann, sich auf tiefere Ressourcen zu stützen, als er sich derzeit bewusst ist. Es geht um die Wüstenerfahrung. Die Wüste (Wüstenerfahrung Jesu, die Suche eingeborener Völker) muss wieder als heilig erfahren werden, aber nicht ‚kirchlich'. Er muss lange genug alleine sein, um die Zusammenhänge in der Natur zu sehen.
3. Integration und Aufnahme mit „heiligem Mannsein"
Das kann gegen Ende durch Geschichtenerzählen der Älteren geschehen, wo sie die Jungen hineinschauen lassen. Es muss verwundbar, ehrlich und intim sein, der Glaube und der eigene Weg muss geteilt werden, zusammen mit der Hoffnung und der Sorge für den Neu-Initiierten. Es kann auch ein Feierritual und Symbole geben, aber es soll nichts übertrieben werden. Eine klare und reine Untertreibung ist sicherer für das männliche Geschlecht. Wenn er sich nicht manipuliert fühlt, oder ihm gesagt wird, was er fühlen muss, wird er seinen wirklichen Erfahrungen eher trauen.
– *Wann:* Für die Älteren ist wichtig, dass sie selbst in die Geheimnisse initiiert worden sind und etwas über Wirklichkeit, Gott, Leiden, Gemeinschaft, Transformation und Wachsen zu sagen haben. Für die Jungen ist wichtig, dass sie vorbereitet sind, in ihnen Erwartungen geweckt wurden, sie aber auch in echter Freiheit kommen können.
– *Wenn:* Das Ritual kann nur gemacht werden, wenn es etwas „gemeinsames Wundervolles" gibt, eine gemeinsame Güte, eine „große Idee" o. ä., das die Älteren vorher schon untereinander haben. Bevor es keine kollektive Weisheit gibt, in die der Junge initiiert wird, wird es keine Tiefe oder Ausdauer geben. Es kann ein Jahr dauern, bis die Älteren herausfinden, was sie selbst sind. Dann erst können sie die nächste Generation initiieren.

Die Botschaften der Initiation

Wir sollten uns jetzt die richtige Frage stellen: Wie kann ich selbst initiiert werden? Was sind die notwendigen Geheimnisse, die übermittelt werden müssen?
Initiation hat immer etwas mit Transformation zu tun: sich klar

machen, dass beide gewinnen können, in „sowohl als auch“ denken, verwandeln von Schmerz in Kraft. Wenige von uns sind gut unterrichtet in diesem Gebiet, nicht einmal Geistliche, die sich selbst oft als Problemlöser sehen statt als Vertreter der Transformation, als Karrieremacher statt als Propheten eines alternativen Bewusstseins.
Ich denke, das ist das Vakuum, in das die moderne Männerbewegung gekommen ist. Ob wir ihrer Botschaft oder ihrem Stil zustimmen, ist nicht die wichtige erste Frage. Männer suchen spirituelle Erfahrungen, sie versuchen sich selbst als „Paten“ hinzustellen in einem Land, wo es nur sehr wenige davon gibt. Sie erkennen zumindest das Bedürfnis und das Problem, und wir tun ihnen wenig Gutes, wenn wir sie nur abweisen, ohne ihnen eine positive Alternative zu bieten. Die Schritte zur Reife sind notwendigerweise unreif und die Weisen sind immer bereit zu warten. Vielleicht ist es deine Aufgabe, für eine gewisse Zeit zu lesen, lernen, beten und leiden. Vergiss nicht, Gott und das Leben werden dich sowieso initiieren. Du musst nur erwartungsvoll und bereit sein. Vielleicht ist dieser Artikel genug, um dich auf den Weg zu bringen.
Nun zu den essentiellen Botschaften, die ich durch interkulturelle Beobachtungen gesammelt habe. Jedenfalls muss männliche Initiation den jungen Männern das Folgende vermitteln:

1. Das Leben ist hart.

Wenn du davon sehr früh im Leben überzeugt werden kannst und nicht viel Zeit verschwendest, das zu verleugnen, dem auszuweichen oder es dir leicht zu machen, wirst du komischerweise auf lange Sicht viel weniger nutzloses Leiden durchmachen. Weil wir den legitimen Schmerz des Mensch-Seins vermeiden, bringen wir viel längere, bedeutungslosere und verzweifeltere Schmerzen über uns.

2. Du wirst sterben.

Die Gewissheit und die Realität des eigenen Todes muss sehr deutlich gemacht werden. Der junge Mann muss leben wie jemand, der bereits den „ersten Tod“ gestorben ist und sich nicht vor dem zweiten schützt. Das kann man in der traditionellen christlichen Tauflehre sehen: „Weißt du nicht, dass du in Christi Tod hinein getauft bist?“ (Röm 6,3). Der eigene Tod muss ritualisiert werden durch Prüfungen, Verluste, der eigenen Angst vor Verlust und dem symbolischen Ertrinken des Getauften.

3. Du bist nicht so wichtig.
Kosmische und persönliche Bescheidenheit ist von zentraler Wichtigkeit für die Wahrheit und Freude in dieser Welt. Der Initiierte muss seinen richtigen Platz haben in einer Welt, die Respekt von ihm fordert, sonst wird er ein aufgeblasenes oder gedämpftes Selbstwertgefühl haben, das immer wieder Bestätigung nötig hat. Das ist fast das komplette Gegenteil zu dem postmodernen Muster von „Ich bin etwas Besonderes". Kleinheit ist nichts, das verleugnet oder versteckt werden muss, sondern schafft eine Basis für jede Gemeinschaft, jede Familie und jeden Dienst.
4. Du hast nicht die Kontrolle.
Die Illusion von Kontrolle muss aufgegeben werden durch die tiefe Erfahrung der eigenen Machtlosigkeit. Gewöhnlicherweise schafft nur Leiden diese Aufgabe, besonders ungerechtes Leiden und Dinge, die jemand nicht ändern kann. Nur Gott und die Wirklichkeit haben die Kontrolle, und wir werden das normalerweise nicht akzeptieren, bis wir an die Grenzen unserer eigenen Ressourcen stoßen.
5. Dein Leben dreht sich nicht um dich.
Das ist die notwendige und zusammenfassende Erfahrung. Du musst wissen, dass du ein Teil von etwas viel Größerem als du selber bist. Dein Leben dreht sich nicht um dich, sondern um Gott. Von nun an nimmt die ganze menschliche Erfahrung einen ganz anderen Charakter an. Wir nennen es Heiligkeit.

Wem diese Botschaften ziemlich negativ oder sogar falsch erscheinen, der steckt vielleicht bereits sehr tief im weichen und individuellen Ethos des modernen Westens. Trotz aller seiner Vorteile in Technologie und Menschenrechten hat es keinen Weg gefunden, den Einzelnen persönlich in eine größere und im guten Sinne gesunde Gesellschaft zu integrieren. Diese größere und gesunde Gesellschaft ist genau das Verdienst von Initiation – ohne die Wichtigkeit und Würde der individuellen Person zu opfern.
Das Ziel von Initiationsriten und gesunder Religion ist, den Einzelnen richtig in die Welt zu stellen und auszurichten. So eine Ausrichtung ist das Fundament für eine tiefe und dauernde Menschenwürde, eine Würde, die ein junger Mann jetzt in allem und jedem sehen kann, weil es nicht seine eigene ist. Es ist unsere. Religiöse Menschen würden das vielleicht als „zu Gott gehören" beschreiben,

als das, was Jesus wahrscheinlich beschrieben hat als „den Frieden, den die Welt nicht geben kann" (Joh 14,27) und als „die Freude, die dir niemand mehr nehmen kann" (Joh 16,22). Es kann dir nicht genommen und auch nicht gegeben werden, weil es nicht mehr länger auf dir basiert. Es ist. Und es ist gut.

Ergänzung zu den Initiationsbotschaften

Das „gemeinsame Wundervolle", das sowohl persönlich erlebt als auch mit einer Vertrauensgemeinschaft geteilt werden muss, bevor die fünf Initiationsbotschaften empfangen werden können:

1. „Mein Joch drückt nicht, und meine Last ist leicht" (Mt 11,28–30): Das muss uns bewusst sein, bevor wir die Botschaft „Das Leben ist hart" ertragen können. (Joh 14,27 über den Frieden, Joh 16,21–22 über die Freude und 16,33 über die innere Stärke sind auch wunderbare Möglichkeiten.)
2. „Weder Tod noch Leben, weder Gegenwärtiges noch Zukünftiges, keine Macht der Höhe oder Tiefe, noch irgendwelche Kreatur können uns scheiden von der Liebe Gottes" (Röm 8,31f): Das muss uns bewusst sein, bevor wir die Botschaft „Du wirst sterben" ertragen können. (1 Kor 15,54–58 ist auch eine Möglichkeit: „Tod, wo ist dein Stachel?")
3. „Dein Name ist im Himmel verzeichnet" (Lk 10,20): Das muss erfahren werden, bevor du das „Du bist nicht so wichtig" hören kannst. (Psalm 8,3–6; Lk 12,7 und Jes 49,14–16 sind auch wunderbare Möglichkeiten.)
4. „Ich bin bei dir alle Tage bis zum Ende der Welt" (Mt 8,20): Das muss erfahren werden, bevor dir „Du hast nicht die Kontrolle" gesagt werden kann. (Ijob 38 ist ein mächtiges Drama; alle Stellen mit „Fürchte dich nicht" sagen, dass da jemand ist, dem wir vertrauensvoll die Kontrolle geben können.)
5. „Dein Leben ist mit Christus verborgen in Gott. Wenn Christus, unser Leben, offenbar wird, dann werdet auch ihr mit ihm offenbar werden in Herrlichkeit" (Kol 3,3f): Das muss erfahren werden, bevor wir „Dein Leben dreht sich nicht um dich" verstehen können. (1 Kor 12,12–30 Leibmetapher, Joh 15,5–9 Metapher von Wein und Rebe sind auch wundervolle Vorstellungen davon, dass wir Teil eines viel Größeren sind.)

Workshops

Der Mann im Körper

Workshop mit Dietmar Bibermann

Zunächst schien die Bibliothek für die relativ große Gruppe etwas zu klein zu sein. Wir saßen auf den Decken am Boden, warteten, bis uns die letzten Teilnehmer gefunden, ihre Schuhe ausgezogen und die Kleidung gelockert hatten, und waren immer wieder gezwungen, näher zusammenzurücken. Gerade das förderte Vertrautheit und die Bereitschaft, ein neues, vielleicht auch leicht verrücktes Verhalten zu riskieren. Der Raum wurde auch durch die offenen Fenster und die sommerliche Stimmung im Park vor dem Haus der Begegnung belebt. Kurz zusammengefasst lässt sich sagen, dass für den Workshop „Mann und Körper" die zwei Bereiche Tanz/Bewegung und Stehen/Innehalten wesentlich waren.

1. In Bewegung kommen durch Tanz
Alles, was lebt, ist in Bewegung – in einem kosmischen Reigen. Wer tanzt, verändert sich ständig und signalisiert so seine Bereitschaft sich zu wandeln. *„Nur wer bereit zu Aufbruch ist und Reise, mag lähmender Gewöhnung sich entraffen"* (H. Hesse). Bei der ersten Übung war es zunächst nur wichtig, den Stress des Alltags loszuwerden, durch Atmen, Ton und Schüttelbewegungen den Körper zu lockern. Wir alle, ob wir gehen, stehen, sitzen oder sonst etwas tun, verwenden viel zu viele Muskeln. Wir könnten eine leichte Tasche locker tragen, haben aber so genannte Zusatzspannungen, weil wir unnötigerweise den Arm anwinkeln, die Schultern hochziehen und dazu noch das Gesicht verzerren. Außerdem beeinträchtigen körperliche Blockaden auch unser Gefühlsleben. Wer z. B. Brust-, Bauch- und Gesäßmuskulatur anspannt, wird nicht gut von sich sagen können, er sei ein einfühlsamer Mensch (vgl. M. Mead, zitiert nach R. Bly): *„Gib niemals einem Mann, der nicht tanzen kann, ein Schwert."* Es ging also auch darum, ein wenig von dem wegzugeben bzw. wegziehen zu lassen, was seelisch belastet.

Nach dieser Lockerungsphase ließen wir es zu einem Tanz kommen, wobei wichtig war, dass jeder zu seinem eigenen Vergnügen und nicht für die anderen tanzte, nicht auf Tanzschritte achten musste, sondern lediglich auf die Impulse, die aus dem eigenen Körper kamen. Wer ruhig bleiben wollte, ließ lediglich die Hüften leicht mitschwingen, wer fröhlich und ausgelassen wurde, fegte wie ein Wirbelwind durch den Raum. Was für eine Tanzmeditation gilt, lässt sich auch in den Alltag übertragen: Bedürfnisse, die aus dem Körper kommen, sind meist o.k., während wir uns mit dem, was sich der Verstand ausdenkt, oft nur selbst manipulieren und überfordern.

Wir haben in diesem Zusammenhang das „Yin-Yang-Spiel" (nach A. Margot) besprochen, bei dem ein/e Partner/in 24 Stunden aktiv ist und Wünsche äußert, während der/die andere bestrebt ist, diese Wünsche zu erfüllen. Diese Übung dauert aber nicht „9 1/2 Wochen", heißt auch nicht „Sadist und Masochist", sondern „Kannst du dafür sorgen, dass es dir gut geht?" „Sensibel für kleine Wünsche" zu werden, „kaum wahrnehmbaren Gefühlen Beachtung zu schenken" (R. Bly), ist leistungsorientierten Männern, die sich in der Macher-Rolle wohl fühlen, eher ungewohnt.

Tanzen, aber auch das (Berg-)Wandern und Laufen kann der „Beginn des In-sich-Gehens" sein, wenn dem Verstand gleichsam die Luft ausgeht, diesem „Kontrollturm der Vernunft, der uns in Teilwahrheiten gefangen hält" (R. Rohr). Oft können wir erst dann etwas Wesentliches, die Stimme im Inneren, erfahren, wenn wir nicht mehr an den Alltagskram denken müssen, sondern „befreit von fesselnden Lebensängsten" uns an der Bewegung des Körpers freuen und darüber hinaus unsere Bereitschaft zu lustvoller Veränderung feiern.

Im Zusammenhang mit dieser Bereitschaft, „neue Tasten am Lebensklavier" auszuprobieren, haben wir auch über den „wilden Mann" nachgedacht. Wenn „sich die Geschäftswelt alle Mühe gibt, den keimfreien, oberflächlichen Mann hervorzubringen" (R. Bly), ist es schwer, Wildheit und Kriegerenergie zuzulassen. Wildheit beginnt mit lautem Lachen, und das haben wir mit einer Übung unterstützt, bei der jeder, begleitet von Trommelmusik, ein „verrücktes" Gefühl tanzte.

In-den-Boden-Stampfen und das Zulassen von Leidenschaft und Vitalität wurde in unserem Kulturkreis (und nicht nur von evangelikalen Missionaren) gerne verteufelt. Man denke nur an den bocksfüßigen griechischen Gott Pan, der zum Krampus mutierte, oder daran, dass in amerikanischen TV-Anstalten von Elvis Presley nur der Oberkörper gefilmt werden durfte, weil sein Hüftschwung damals als unanständig galt – wie der Bikini. Bischöfe nannten jene Frauen, die einen Bikini trugen, „öffentliche Sünderinnen“, sagten aber nichts zu den Atombombenversuchen am Bikini-Atoll. Die Zeiten sind vorbei, in denen verheiratete Laien sich von Junggesellen (Bischöfen) diesbezüglich Vorschriften machen lassen. Die Teilnehmer der Gruppe jedenfalls, unter ihnen zwei Priester und Familienseelsorger, waren sich darüber einig, dass jeder, ob jung oder alt, homo- oder heterosexuell, ein Recht hat, seine Sexualität in Freude zu erleben.

So wie aus Aggression Durchsetzungsvermögen oder aus Bosheit Schalkhaftigkeit werden kann, entsteht aus Gier Sinnesfreude, wenn wir sie nicht verteufeln, sondern annehmen und akzeptieren. Mit der Übung „Holzhacken“ wurde gezeigt, wie Aggression in Kreativität verwandelt werden kann, wobei interessant ist, dass Indianer Ähnliches tun, wenn sie ein „Wut-Loch“ graben, ihren Zorn und Ärger unter Schimpfen und Stampfen hineingeben und dann alles mit Erde und Blumensamen zudecken, damit Neues entstehen kann. Aggression muss nicht in Destruktivität ausarten, sie kann in Kreativität verwandelt werden (vgl. „eine Sache in Angriff nehmen“, „etwas anpacken“, „sich durchsetzen“).

2. Geerdet-Sein – (Zu sich) Stehen

Oft sind wir energielos, weil wir uns zu wenig bewegen. Dann gilt der Grundsatz: Wer lediglich eine Runde um den Häuserblock läuft, hat etwas für sich getan – vor allem im Hinblick auf Stressabbau und energetische Mobilisierung. Wir sollten aber auch die Warnung von R. Bly aus dem „Eisenhans“ beherzigen: „*Vielleicht benutzen Menschen, die zu gesund sind, zu muskulös, allzu fanatische Jogger, ihre Gesundheit dazu, die Seele am Eindringen zu hindern. Sie lassen keine Öffnung.*“ Darum sind Innehalten und Stop-Übungen notwendig.

Gleichsam als Training für eine Technik, die man auch im Alltag immer wieder praktizieren kann, brachten wir uns mitten im Tanzen oder während einer Körperübung völlig zum Stehen, ließen mehrere Minuten verstreichen und achteten darauf, was unser Körper „spricht", wenn wir nichts tun. Wir beobachteten den Atem, achteten auf die Signale, die von der Haut ausgehen oder den Füßen, wenn wir uns vorstellen, sie wären in der Erde verwurzelt. Es ist erstaunlich, was bereits in einer Minute alles geschieht, wenn wir nichts anderes „tun", als bei uns selbst gegenwärtig zu sein. Es breitet sich ein Raum der Stille aus, der Gelassenheit und Zuversicht. Oft wird bei dieser Übung auch deutlich, wie sehr wir gewöhnlich außerhalb von uns selbst sind, wie schwer es fällt, sich wahrzunehmen, bei einem Gefühl zu verweilen. Max Frisch nennt es im „Homo faber" *„standhalten dem Licht, der Freude ... standhalten der Zeit bzw. Ewigkeit im Augenblick"*.

Mit Kunstkarten, auf denen männliche Körper aus verschiedenen Epochen abgebildet sind, wurde zuletzt das Thema „Zu-sich-Stehen" im Sinne von sich annehmen und sich akzeptieren behandelt. Jeder suchte sich nach der Mittagspause eine Karte aus, die ihm gut gefiel (die er mit angenehmen Gefühlen in Berührung brachte), und eine andere, die ihm weniger zusagte (ihn eher unangenehm berührte). In Zweiergruppen wurde erörtert, inwieweit die positive Karte eine Antwort auf die Frage sein könnte „Wie bin ich? – Wie möchte ich als Mann sein?", während die negative Karte etwas von dem aufzeigte, wie wir uns nicht gerne sehen. Oft stellte sich dann heraus, dass gerade in den Eigenschaften mit negativen Vorzeichen ein positives Potenzial verborgen war. Es ist ähnlich wie in der Kindererziehung: Kinder können sich erst dann positiv entwickeln und verändern, wenn sie geliebt, geachtet und verstanden werden. Unsere „Schattenpersönlichkeiten" sind auch so etwas wie unsere Kinder. Sollen sie sich entwickeln, müssen wir sie verstehen und annehmen. *„Je mehr ich einfach gewillt bin, inmitten dieser ganzen Komplexität des Lebens ich selbst zu sein, und je mehr ich gewillt bin, die Realitäten in mir selbst und im anderen zu verstehen und zu akzeptieren, desto mehr scheint Veränderung in Gang zu kommen."* (C. R. Rogers)

Durch jene Kunstkarten, die mit so genannten Schattenseiten zu tun hatten, kamen wir auch auf Verletzungen zu sprechen, wie sie uns von abwesenden oder zu strengen Vätern zugefügt worden sind – oder von doktrinären Priestern. Aufhorchen ließ die Bemerkung eines Teilnehmers, es habe ihm jener Priester, von dem er als Bub am Penis berührt worden war, sicher nicht so viel Schaden zugefügt wie jene, die ihm unhaltbare sexualfeindliche Normen gegeben hatten.

Nach der Übung „Rücken an Rücken“ und einer Variation des „Feueratems“ versuchte jeder die dabei entstandenen Gefühle im Körper zu lokalisieren, z. B. als Enge in der Kehle, Schwere in der Schulter, Druck auf der Brust, Spannung im Nacken. Der Partner half ihm dabei, dieses Gefühl vollständiger zu fühlen, die Aufmerksamkeit dorthin zu bringen, wo eine alte Erinnerung auftauchen könnte. Vor allem war es seine Aufgabe zu fragen: „Darf ich dich da berühren, wo es dir körperlich / seelisch nicht so gut geht, wo du Körpersignale spürst?“
So war es möglich, in der unterstützenden Atmosphäre der Gruppe mehr auf den Körper zu hören, Gefühle zu spüren, Spannungen zu lösen und neue Möglichkeiten von Lebendigkeit und Kraft zu entwickeln. Dies feierten wir zum Abschluss mit dem „Vertrauenskreis“, in den sich jeder fallen ließ, mit dem Lied: *„Du bist ein schöner Mann, du bist ein starker Mann, du bist ein Magier und wirst den Weg des Herzens gehen!“*

Schwitzhütte

Workshop mit Gregory Campbell und Peter Thomaset

Die Schwitzhütte ist eine jahrtausendealte Tradition. Sie wurde bei körperlichen und geistigen Reinigungsritualen eingesetzt, die vor allem bei indianischen Zeremonien und in der schamanischen Medizin große Bedeutung hatten. Naturvölker, die im Einklang mit der Erde lebten, die im Reigen der Jahreszeiten feierten und tanzten, die vom großen Geist der Jagd und von der Gabe des Sammelns beseelt waren, die im Antlitz der Ahnen beteten, wussten von der reinigenden und heilenden Wirkung der Schwitzhütte. Sie gab ihnen den Raum der Initiation, der Vision und der Klärung. Für diese Stammesmenschen war die Schwitzhütte ein heiliger Ort.
In Europa bekam die Schwitzhütte ihre Bedeutung durch die Männerarbeit. Aus dieser mehr als 10-jährigen Initiationsarbeit für Männer entstand eine eigenständige neue europäische Schwitzhüttentradition, die von den hier lebenden Menschen, von den europäischen Ländern und von der herrschenden Zeitepoche ent-

wickelt und geprägt wurde. Die europäische Schwitzhüttentradition wird bereits von einigen Männern, Frauen, Paaren und Familien genützt, die für ihr körperliches und geistiges Wohlbefinden etwas tun wollen. Das Schwitzen war und ist heute noch ein sozialer Akt der körperlichen und seelischen Reinigung, der physischen und psychischen Stärkung und dient der Vorbeugung von Krankheiten. Auch in der Jugendarbeit findet die Schwitzhütte immer mehr Verwendung.

Aus Weiden, Haselnussstöcken oder anderen biegsamen Ästen wird eine igluförmige Hütte errichtet. Es werden acht bis sechzehn drei Meter lange Stöcke in der Erde verankert, gebogen und in einer Höhe von eineinhalb Metern zusammengebunden. Danach werden in unterschiedlicher Höhe noch drei Kränze eingeflochten, wobei man darauf achtet, dass die Tür, die in eine bestimmte Himmelsrichtung zeigt, freigelassen wird. Das Hüttenskelett wird dann mit Decken, Planen oder Teppichen abgedeckt. In der Mitte der Hütte befindet sich eine Erdgrube, in der die glühenden Steine versenkt werden. Vor der Hütte befindet sich in einigen Metern Abstand eine Feuerstelle. Dort werden 20 bis 30 kopfgroße Steine in eineinhalb Stunden zum Glühen gebracht. Mittels einer Gabel oder Schaufel werden die glühenden Steine zur Hütte getragen und in die Erdgrube gelegt. Drei bis vier Eimer Wasser und ein Schöpfer werden für die Aufgüsse bereitgestellt.

Die Form der Hütte erinnert an die Rundungen des Weiblichen, an den schwangeren Bauch einer Frau und an die nährenden Brüste einer Mutter. Sie symbolisiert den großen Schoß der Pacha Mama (Große Mutter Erde) und die Beziehung des Menschen zu den anderen Teilen der Schöpfung, die auf verschiedene Weise in und um die Schwitzhütte repräsentiert sind. Die Schwitzhütte zeigt dem Menschen die Verwandtschaft und die Verbundenheit zur ganzen Schöpfung. Dementsprechend sind auch die Dinge, die man in einer Schwitzhütte erfahren kann: Erdvertrauen, Nestwärme, Geborgenheit, Einheit, Gemeinschaft, Feuchtigkeit und Hitze. Aber auch Erlebnisse von Mutterschoß, Tod und Geburt, Klärung und Vision können dem Schwitzenden zuteil werden.

Auch anlässlich der Männertagung in Innsbruck machte sich eine Männergruppe auf den Weg zur Schwitzhütte. Für die meisten der siebenundzwanzig Männer war es die erste Schwitzhütte. Als sie mit dem Bus abgeholt wurden, empfahl der Schwitzhüttenleiter (ein er-

fahrener Mann, der das Ritual kennt) den Männern, eine Augenbinde anzulegen, um langsam ins Schweigen zu kommen. Er sagte, dass es von nun an besser wäre, wenn jeder seine Aufmerksamkeit mehr nach innen wenden könnte. Wohin die Reise genau führte, wusste von den Teilnehmern keiner so recht. Als der Bus nach einer halbstündigen Autobahnfahrt an einem unbekannten Ort anhielt, nahmen die Männer die Augenbinde ab und stiegen aus. Sie gingen Richtung Berg und der Weg führte sie immer tiefer in die Natur hinein. Nach einiger Zeit ging es weglos und mühsam durch feuchte Gräben und dichten Wald, bis sie zu einer Bergwiese kamen.
Dort wurden sie von einer kleinen Gruppe trommelnder Männer empfangen. Ein großes Feuer erwartete sie. Die Männer bekamen Zeit, um ein Symbol der Männlichkeit in der Natur zu suchen. Als alle ihr Symbol gefunden hatten, wurden die Symbole im Kreis gezeigt und dazu ein paar Worte gesprochen. Alle Symbole wurden auf einen für diesen Zweck vorbereiteten Platz, einen „Gabentisch" gelegt.
Die zwei Feuerhüter (erfahrene Schwitzhüttenmänner) begannen nun, die ersten sieben Steine in die Hütte zu tragen. Der Reinigungsmann (oft der älteste Mann oder Ritualleiter) stellte sich, nachdem er den Feuer-, Schwitzhütten- und Zeremonienkreis gereinigt hatte, vor den Hütteneingang und reinigte mit Räuchergras alle Männer. Als alle bis auf die zwei Feuerhüter, die auf das Feuer und auf die Steine achteten und für die Sicherheit außerhalb verantwortlich waren, in der Schwitzhütte saßen, begann der Wassermann (ein erfahrener Schwitzhüttenmann oder Ritualleiter) zuerst Kräuter auf die glühenden Steine zu streuen und ein Gebet zu sprechen:
„Ich danke der Erde für das Holz, ich danke dem Feuer für die Kraft der Veränderung, ich danke den Steinen, dass sie für uns durch das Feuer gegangen sind, ich danke dem Wasser für die Reinigung und Läuterung, ich danke dem Dampf für den sichtbaren Beweis der Transformation, ich danke allen unseren Verwandten und Ahnen, dass sie uns geleiten."
Dann ließ er von den Feuerhütern noch ein paar heiße Steine nachholen. Die Tür wurde mit einer Decke verschlossen und es wurde finster – nur mehr die glühenden Steine schienen aus dem tiefsten Kern der Erde zu strahlen. Der Wassermann begann das Wasser auf die rot leuchtenden Steine zu gießen. Nach einer halben Stunde war die erste Runde vorbei. Sie wurde schweigend begangen. Wiederum

verlangte der Wassermann nach neuen heißen Steinen. Die Feuerhüter trugen sechs bis acht glühende Steine in die Erdgrube. Die zweite Runde hatte begonnen. In dieser Runde wurden die Namen gechantet, getönt und gesungen. Es folgte dann noch eine dritte und eine vierten Runde. In der dritten Runde ging der Redestock im Kreis und jeder konnte sagen, was ihn momentan beschäftigte, in der vierte Runde wurden Gebete, Bitten und Vorsätze ausgesprochen und diese Runde war offen für jeden Mann. Jeweils zu Beginn der dritten und vierten Runde wurden von den Feuerhütern wiederum sechs bis acht heiße Steine nachgelegt. Nach der vierten Runde beendete der Wassermann das Schwitzhüttenritual.
Die Männer erholten sich noch einige Zeit sitzend und liegend am Rand der Feuerstelle. In der Zwischenzeit war es nach Mitternacht geworden und die Männer machten sich im Schein der Fackeln auf den Weg zurück. In einer Gaststätte gab es dann noch Speis und Trank. Die Männer redeten nicht viel, aber man sah in ihren Gesichtern und in ihren Augen, dass etwas geschehen war. „Niemand weiß so ganz genau, wann Vergangenheit und Zukunft, Diesseits und Jenseits, wir und die Ahnen zusammentreffen, doch wo es passiert, werden wir berührt sein und dort sind wir selbst."

Die Kraft des Feuers – Zur männlichen Sexualität

Workshop mit Hubertus Hartmann

Ein Bericht von Konrad Junker-Anker

18 Männer kommen in den Raum, nehmen Platz im Stuhlkreis und betrachten etwas überrascht das in der Mitte liegende Holzschwert. Wozu ein Schwert? Vielleicht gar ein Phallussymbol oder Symbol unser Macht und Zerstörungskraft? Nun, zunächst wird's sanfter. Wir tanzen den Prosefchi, einen Begrüßungstanz. Dieser Tanz zieht sich durch den ganzen Workshop, er wird auch am Morgen und zum Abschluss getanzt.
Der Text dieses Tanzes soll niemand vorenthalten sein: „Gib mir eine Grenze, um zu gehen. Gib mir einen Namen, damit ich mich

nicht verliere. Gib mir einen Traum, an dem ich mich festhalten kann. Gib mir eine Vision, damit ich widerstehen kann. Gib mir ein Kind, damit ich wieder ein Kind werde. Gib mir einen Kuss, damit ich vom Bösen loskomme. Wecke mich am Morgen, mit einer Melodie, die mir hilft zu sagen: Es lohnt sich, dass ich dieses Leben lebe!"

Dann geht es in die Vorstellungsrunde. Wer, woher und warum gerade diesen Workshop, noch dazu zur männlichen Sexualität? Dabei tritt wieder jenes Phänomen ein, das mich immer wieder in der Männerarbeit fasziniert: Männer unter Männern haben eine große Offenheit und erzählen ehrlich von ihren Freuden, Leiden, Wünschen und Bedürfnissen. Bereits nach dieser Vorstellungsrunde ist klar, wie verschieden unsere Zugänge und unsere Lebenserfahrungen, wie unterschiedlich die Motivationen (Lust und Frust) sind, und doch sind wir alle an der Weiterentwicklung unserer Sexualität interessiert.

Eine Botschaft wird uns allen sehr rasch klar: So wie unsere Geschichte, unsere Sexualgeschichte gelaufen ist und läuft, ist es notwendig, den Leistungsdruck wegzunehmen, der schnell in eine Versagensangst im Bett mündet. Das kann uns gelingen, wenn wir uns für die weichen Seiten unserer Gefühle, Wünsche und Sehnsüchte öffnen. Verletzungen, Enttäuschungen und Sprachlosigkeit haben ebenso ihren Platz und dürfen sein, denn wir sind wie alles im Leben Licht und Schatten und unvollkommen. Damit unsere Wunden heilen können, ist es notwendig, Vergangenes zu würdigen und zur Vergangenheit zu stehen.

Der Workshop wird von verschiedenen Körperübungen begleitet: So werden wir in die Kraft des Hara eingewiesen. Dazu auch das Schwert, mit dem die Kraft des Hara sehr gut fokussiert werden kann. Ein Reihum bei den Teilnehmern zeigt auf, wozu ein Schwert alles dienen kann: Von der spielerischen Lust zu kämpfen bis zum tödlichen Verletzen reicht die Palette der Antworten. Aber auch zum Üben von Nähe und Distanz ist das Schwert sehr gut geeignet. Wir werden zu zweit losgeschickt, um unser erstes Liebesleben mit sich alleine und zu zweit zu erzählen. Wieder einmal wiederholt sich das bekannte Phänomen: Männer unter Männern erzählen sich ohne Umschweife, wann und wie es war, offen, ehrlich und im Wissen, mein Gegenüber nimmt mich ernst und weiß mit meiner Offenheit umzugehen. Im offenen Austausch machen wir die überraschende Erfahrung, dass im Gegensatz zur unhinterfragten Annahme unser erstes Liebesleben mit einer Frau nicht etwa in der frühen Jugend stattfand, sondern viel später. In humorvoller Art macht das Wort „Spätzünder" die Runde. Voneinander wird uns klar, dass wir damals nie mit Freunden darüber gesprochen haben und es uns viel Druck erspart hätte zu wissen, dass es anderen Jungen nicht anders ergeht. Der Mythos ist entzaubert, dass nur dann ein Junge ein richtiger Mann ist, wenn er jede Woche mit einer anderen Frau ins Bett gegangen ist.

Spannend und ruhig wird es im Raum, als nach Anleitung von Hubertus alle Männer einen Brief an ihre Sexualität schreiben. Dieser Brief wird wiederum einem frei gewählten Partner vorgelesen und darüber gesprochen. Besonders dicht für mein Gefühl ist die abschließende Körperübung: sich bei einem Partner anlehnen und sich die entsprechend wohltuenden Berührungen nehmen und wissen, dass ich okay bin und ein Mann hinter mir steht. Spätestens hier wird mir das Hara-Schwert wieder bewusst und ich muss meine Distanz, weniger die Nähe zum Partner klären.

Nach einem Input von Hubertus zu seinem Verständnis von männlicher und weiblicher Sexualität kommt noch die Hausübung, diesen „Brief an meine Sexualität" zu Hause auch der entsprechenden Partnerin vorzulesen, was nicht allen leicht fällt. Ob es auch alle tun werden? In der Abschlussrunde kommt die angenehme und feinfühlige Art des Workshops zur Sprache, gerade bei Männern, die noch nie oder selten in Männergruppen waren, das Staunen über die Offenheit und Ehrlichkeit solcher Gruppen. Persönliche Fragen und konkrete Antworten mögen da und dort noch offen geblieben sein, doch wurde uns klar, wir Männer sind aufgerufen, unsere Beziehung/en zu Frauen aktiv mitzugestalten und dabei unsere Partnerin „in ihrer Seele zu entdecken, wahrzunehmen und zu achten". Dies setzt voraus, dass wir unsere eigene Männerseele spüren und ergründen. Die Erfahrung zeigt, dass dann das Frauenherz zu uns fließt, und das ermöglicht eine noch schönere Sexualität.

Männer zurück an den Herd?

Workshop mit Peter Jedlicka

Thesen zum Thema „Männer und Arbeit“

1) „Karriere“ und „Erfolg“ wird neu definiert
„Karriere“ heißt für Männer nicht mehr automatisch, nach hohen und gut bezahlten Positionen zu streben. Karriere heißt, jene Tätigkeit auszuüben, die den eigenen Fähigkeiten am besten entspricht und die man als gesellschaftlich sinnvoll erachtet. Der Begriff „Erfolg“ darf das Privatleben nicht mehr ausklammern: Erfolgreich sein muss heißen, sowohl im Beruf als auch im Privatleben zufrieden zu sein. Das bedeutet vor allem auch, soziale Kontakte pflegen und häusliche oder familiäre Verpflichtungen wahrnehmen zu können, genug Zeit der körperlichen Gesundheit (z. B. Sport) widmen zu können, Zeit für ein Hobby zu haben. „Zufriedenheit“ dürfen wir uns nicht mehr von der Konsumindustrie definieren lassen: Mann kann auch ohne Auto, große Wohnung, weite Reisen, neue Hi-Fi-, TV- und Computersysteme zufrieden sein.

2) Hausarbeit und Kinderbetreuung
Kinder brauchen ihre Väter, und gerade die anstrengende Kleinkindpflege wird leichter, wenn sich Mütter und Väter diese teilen können. Das Vertrauen und die Zuwendung der betreffenden Kinder belohnt jeden Mann für diese Mühe, ebenso das gute Klima einer partnerschaftlichen Arbeitsteilung in der Zweierbeziehung (auch geschiedene Väter wirken in ihren Bestrebungen um gleiches Sorgerecht glaubhafter, wenn sie sich von Anfang an aktiv um die Kinderpflege und -erziehung gekümmert haben).
Männer, die auf Autonomie und Selbständigkeit Wert legen, sollten die Fertigkeiten der Haushaltsführung beherrschen, um sich nicht in der Abhängigkeit einer Lebensgemeinschaft zu finden, die nur mehr auf praktische Gründe zurückzuführen ist („Wer sollte mir sonst meine Hemden bügeln?“). Hausarbeit kann ein guter Ausgleich zur Erwerbsarbeit sein (z. B. wenn man[n] seine Lieblingsmusik dazu hört), sie hat durch die „Handarbeit“ oft meditativen Charakter.

3) Männer und Frauen: geteilte Verantwortung ist Entlastung
In Zeiten anhaltender Arbeitslosigkeit kann es für Männer belastend sein, die finanzielle Verantwortung für eine Familie alleine zu tragen. Alle Bestrebungen zur beruflichen Gleichstellung von Frauen sollten wir Männer daher nicht nur vom Standpunkt der sozialen Gerechtigkeit her befürworten, sondern auch als Chance sehen, diese Verantwortung egalitär besser mit Frauen teilen zu können, was in Krisensituationen eine Entlastung darstellt. Außerdem werden gebildetere Frauen in besseren Positionen interessantere Partnerinnen sein.

4) Managing E-Quality: Vereinbarkeit von Beruf und Familie
Managing E-Quality ist eine Bezeichnung für betriebliche Strategien, die die Vereinbarkeit von Beruf und Familie fördern (der Begriff leitet sich aus der bereits etablierten Quality-Management-Begrifflichkeit ab). Derartige Strategien – v. a. flexible Arbeitszeitmodelle und Teilzeitangebote – können einerseits im Rahmen der Corporate Identity (es werden auch Preise für den „familienfreundlichsten Betrieb" vergeben) auch nach außen hin sehr werbewirksam eingesetzt werden, andererseits fördern sie die Produktivität der Mitarbeiter/innen durch gute Motivation, die Serviceorientiertheit (zufriedene KollegInnen sind auch im Kundenservice freundlicher) und die Loyalität: wer z. B. das eigene Kind im Betriebskindergarten gut betreut weiß, wird für Abwerbungen seitens anderer Firmen nicht mehr so leicht zu haben sein. Weitere Informationen unter: http://www.bmags.gv.at/bmags/eu/e-quality_titel.htm.

5) Teilzeitarbeit, Altersteilzeit
Männer, die von ihrer Einkommenssituation und von ihrem beruflichen Aufgabenbereich her Arbeitszeit zu reduzieren im Stande sind, können ihr soziales Engagement für andere Arbeit Suchende dadurch zeigen, dass sie durch Arbeitszeitreduktion Personalkosten für weitere Arbeitskräfte freigeben. Teilweise wird dieses Modell der Arbeitsplatzschaffung auch vom AMS gefördert (im Jahr 2000: „Solidaritätsprämienmodell" – Näheres unter http://www.ams.or.at). Der betreffende Mann selbst kann so seine „besten Jahre" bereits mit mehr Freizeit, Sport oder familiären Aufgaben (z. B. Pflege von Familienangehörigen) verbringen und erspart sich durch eine gleitende Arbeitszeitreduktion den Pensionsschock. Wenn viele Männer diesem Modell folgen, wird die Arbeitslosigkeit sinken.

Die drei Lebensphasen des Mannes

Workshop mit Peter Lissy

Aufbruch – Initiation – Rückkehr

Die Stühle in der üblichen Kreisform werden langsam besetzt. Die Gesichter der zwölf Männer sind erwartungsvoll gespannt bis skeptisch, zum Teil auch schon müde vom vorhergehenden Programm. „Die drei Lebensphasen des Mannes – Workshop mit mythologischem Ansatz", stand in der Tagungsausschreibung, was immer das auch heißen mochte. Der Umfang dieses Berichtes erlaubt es nicht, den gesamten Workshop mit allen Texten wiederzugeben, weshalb ich mich auf die wesentlichen Inhalte beschränken möchte und trotzdem hin und wieder auf den Verlauf des Workshops einblende. Das Märchen, das ich durchgehend verwendet habe, ist „Der Trommler" und kann bei den Brüdern Grimm nachgelesen werden. In der Mythologie brechen immer wieder Männer auf, neue Länder und Meere zu entdecken, Männer wagen sich in unbekannte Gebiete vor, bestehen Gefahren, unterwerfen sich mannigfaltigsten Prüfungen, um an Macht, Reichtum oder Ruhm zu kommen. Sie kehren, vielleicht verändert, zurück, um wieder aufzubrechen ins Unbekannte. Diese Bewegung entspricht dem männlichen Denken, Fühlen und Handeln, auch wenn sich die „Abenteuer" mehr in Beruf und Freizeit verlagert haben. In der physisch-realen Welt haben Männer keine Schwierigkeit, dies umzusetzen; eine Unzahl von mehr oder weniger segensreichen Taten gibt davon Zeugnis. Die Fahrt in den „schwarzen Kontinent" ihrer Seele, zu den „weißen Flecken" des Unbewussten scheint für Männer dagegen schwieriger und Furcht erregender zu sein als die Erforschung der Nilquellen oder der Gang auf den Mount Everest ohne Sauerstoff. Im „Trommler" ist es ein harmloser Spaziergang, ein scheinbar belangloser Fund, der schnell wieder vergessen ist, doch schon ist der Held in ein Geschehen verwickelt, das über den „normalen" menschlichen Horizont hinausgeht. Für den Trommler ist die Begegnung mit einer schemenhaften Gestalt der Ruf zum Aufbruch. Die drei Begriffe Aufbruch, Initiation und Rückkehr, die die drei Lebensphasen des Mannes ausmachen, sind ein Schlüssel zum Verständnis vieler Sagen, Mythen und Märchen, wenn man diese als universale Bildergeschichten der menschlichen Seele ansieht. Was nämlich in der Sage, im Märchen als handfeste Geschichte mit Abenteuern, Prüfungen, Bösem und Gutem daherkommt, kann immer als Abenteuerfahrt der Seele angesehen und gedeutet werden. So sind Aufbruch, Initiation und Rückkehr Lebensthemen, die uns auf unserer Lebensfahrt begleiten, mit denen wir im Kreislauf des Lebens immer wieder konfrontiert sind. Die Helden in den Geschichten haben uns dann, sozusagen beispielhaft allgemein gültig, das vorgelebt und vorgelitten, was jeder Mensch in seinem Leben erfährt. Das Leben als Weg, als Reise, teilt sich immer wieder in die drei genannten Phasen:

1) Einen Aufbruch: Der Held bricht aus der gewohnten Welt auf.
2) Eine Initiation: Durch verschiedene Prüfungen wird der neue Held eingeweiht und verändert.
3) Eine Rückkehr: Der Held kehrt als gewandelter neuer Mensch mit einer neuen Weltsicht in sich zurück und wirkt heilend und versöhnend.

Ruf und Aufbruch

In den Märchen ist es meist etwas sehr Seltenes, was der Held erringt: das „Wasser des Lebens“, die verwunschene und befreite Jungfrau in den Rittersagen, die Begegnung mit dem Gral oder Ähnliches. Das Schema der Geschichten entspricht weitgehend den sog. Übergangsriten der Kulturvölker aus aller Welt. In den Pubertätsritualen geht es um die Trennung von der mütterlichen Welt. Dann kommt die eigentliche Initiation, die Einweihung in die Welt der Erwachsenen, in die Religion und in die Tradition: Dabei muss sich der Junge oft in die Einsamkeit zurückziehen, fasten, körperliche Entbehrungen, Schmerzen, rituelle Verletzungen erdulden. Er soll dort, in der Getrenntheit von der gewohnten, sicheren Welt seine Vision des Lebens finden, sein Totemtier, seine Leitidee, seinen Gott.

Im Schritt der Wiedereingliederung wird der Junge in die Stammesgemeinschaft aufgenommen als Veränderter, Verwandelter, als Verantwortung Tragender. In diesen Ritualen geht es immer um das Sterbenlassen, den Tod des Alten und dadurch das Freiwerden, die Geburt des Neuen. Solche Riten ziehen sich bei allen Völkern durch das ganze Leben, immer an den Wendepunkten: Geburt, Erwachsenwerden, Hochzeit, Kinder, Sterben. In der christlichen

Form finden wir diese Rituale in den Sakramenten. In diesem Sinn beschreibt die Heldenfahrt bildhaft und anschaulich unsere Ich-Werdung. Der Weg des Helden in den Mythen und Märchen kann mit seinen Aufgaben und Abenteuern ein Leitfaden für den eigenen seelischen Entwicklungsweg sein. Er gibt die Gewissheit, dass andere vor uns das Abenteuer der menschlichen Lebensreise auf sich genommen und bestanden haben.

Workshop: Nach dem ersten Teil des Märchens „Der Trommler" lassen sich die Männer auf die erste Phase des Weges ein. Nach vorsichtigem Abtasten beginnen die Männer in Dreiergruppen einander zu berichten. Durch das Märchen und verschiedene Fragen entfaltet sich im Erzählen und Zuhören eine Atmosphäre, in der vergessen geglaubte Geschichten und Bilder wieder lebendig werden: Was war als Kind mein Lieblingsmärchen, meine Lieblingsgeschichte? Welcher Held war ich? Wie hab ich mich gesehen? Welchen Namen hatte ich? Was waren meine Träume, damals …? In Kleingruppen erzählen sich die Männer ihre Geschichte vom ‚Ruf', der sie aufbrechen lässt, um Altes, vielleicht Verkrustetes zurückzulassen und Neues auszuprobieren, ein Risiko einzugehen. Daneben gibt es aber auch Geschichten von nicht erfolgtem Aufbruch, von Angst, das Gewohnte zu verlieren, von Bequemlichkeit und Gewohnheit, von Langeweile und Sinnlosigkeit.

Heldenweg und Prüfungen

Der Aufbruch zur Fahrt beginnt in der Mythologie meist mit einer Berufung, einem Ruf, der den Helden der Geschichte aus dem gewohnten Zusammenhang herausführt. Der Bote oder die Botin, der/die den Ruf bringt, ist oft ein abgelehntes hässliches Wesen (Frosch, Missgestalt wie Kundrie in der Parzivalsage), welches das Verdrängte symbolisiert. Die Berufung bedeutet immer eine Krise, eine Wende: die Berufung zum Leben (Erwachsenwerden), die Berufung zu spiritueller Erfahrung, die Berufung zu großen Unternehmen, in späteren Lebensabschnitten auch die Berufung zum Tod.

Der „Heldenweg" ist allerdings kein geradliniger, wie man sich das von den Helden in Hollywoodfilmen vorstellt, sondern ein verschlungener, von Rückschlägen begleiteter. Es kommt nämlich auch vor, dass sich einer weigert, dem Ruf zu folgen, dass einer den

Ruf nicht hören will. Er findet gute, „vernünftige" Gründe, dem Ruf nicht nachkommen zu können, weil er das Vertraute nicht verlassen will, weil er es zu verrückt, zu unbequem findet. Ein Beispiel dafür wäre das Leben des Herakles. Wir wissen meist von den zwölf Aufgaben, die er alle erfolgreich bewältigte, aber es gab auch noch eine andere, dunkle Seite an ihm. Als er an der Schwelle des Erwachsenseins wissen wollte, wie er sein Leben weiterführen sollte, ging er nach Delphi, dem berühmten Orakel Griechenlands. Dieses weissagte ihm, er müsse dem Eurysteus dienen, einem ihm weit unterlegenen königlichen Schwächling, ansonsten könne er kein Gott werden. Herakles weigert sich, weil er es unter seiner Würde findet, und stellt sich sogar gegen den Willen des Zeus. Hera, Zeus' Gattin und Herakles' Feindin, nützt seinen inneren Zwiespalt aus und schickt ihm den Wahnsinn. Daraufhin bringt Herakles seine Frau und seine Kinder um. Er verfällt in Schwermut, schließt sich tagelang ein und ist erst nach langem bereit, sich zu reinigen und in den Dienst von Eurysteus zu treten. Später wird er wegen eines weiteren Frevels an die Königin Omphale als Sklave verkauft, muss ihr dienen, trägt Frauenkleider und macht Frauenarbeiten. Wir sehen: Heldenweg hat nicht nur zu tun mit Drachen erschlagen und Jungfrauen erlösen.
Auch uns geht es oft so, dass wir den Ruf nach der notwendigen (Not wendenden) Veränderung in unserem Leben nicht hören wollen, weil es so bequem ist, alles beim Alten zu lassen, oder weil das Neue Angst macht. Weigerung bedeutet Festhalten am Gewohnten, an Idealen, Tugenden, Vorteilen: Man sieht im Ruf eine Bedrohung des gegenwärtigen Systems. Im Märchen werden die Folgen oft in Symbolen ausgedrückt: Versteinern, 100-jähriger Schlaf, Feststecken in einer Felsspalte. Man(n) flüchtet sich in Zerstreuung, Ablenkung, in Geschäftigkeit und leeres Tun. Die Folge ist Langeweile, Leere, Sinnlosigkeit und Erstarrung. Die Fähigkeit zu bedeutsamen, fruchtbaren Leistungen verkümmert, das Abenteuer verändert sich ins Negative. Ein berühmtes Beispiel für eine derartige Weigerung ist die Geschichte des Propheten Jona im Alten Testament, der dafür drei Nächte im Bauch des Walfisches verbringt.
Ist der Held wirklich aufgebrochen, erwarten ihn auf seiner Wanderschaft, die meistens eine Suche ist, eine Reihe von Aufgaben oder Prüfungen. Dazu reichen die eigene Kraft, die eigenen Fähigkeiten meistens nicht aus. Der Held muss sozusagen erst von sei-

nem hohen Ross runter, ehe er fähig wird, die Aufgaben zu meistern. Wenn er das kann, bekommt er übernatürliche, magische Hilfe. Das geschieht im Märchen oft durch ein Tier, einen Zwerg, einen alten Mann oder durch magische Gegenstände. Sie sind ein Symbol für das Unbewusste, und wenn wir ihm die Führung überlassen, erschließen sich neue unbekannte Potenziale. In den griechischen Sagen sind es oft Götter. In der Odyssee zum Beispiel wird Telemach von Athene in der Gestalt eines Mentors angeleitet. Im Märchen „Das Wasser des Lebens“ bietet ein Zwerg den Brüdern nacheinander seine Hilfe an für die Suche nach dem Wasser des Lebens. Die zwei älteren Brüder lehnen die Hilfe hochmütig ab und werden vom Zwerg in eine Schlucht verwünscht, wo sie nicht mehr vor und zurück können. Der jüngste, „dumme“ Bruder nimmt die Hilfe an und ihm gelingt auch das schwierige Unternehmen.

Workshop: Wieder hören die Männer einen weiteren Abschnitt aus dem Märchen „Der Trommler“, und dann liegt vor jedem Teilnehmer auf dem Boden ein großes Blatt Papier und Ölkreiden. Die Fragen sind: Wann, wo hatte ich das Gefühl einer Prüfung? Wie habe ich diese erlebt? Wie hole ich mir meine inneren und äußeren Helfer? Wie bereite ich mich auf einen neuen Lebensabschnitt vor? Wie gehe ich mit Scheitern um?
Das Bild sollte auf dem Hintergrund dieser Fragen das eigene Leben heute darstellen. Malen ist eine eher ungewohnte Form des Ausdrucks für Männer. Als Kinder haben wir gemalt, unsere Gefühle ausgedrückt, damit Geschichten erzählt; später ist das Malen dann in Vergessenheit geraten, nicht selten auch durch allzu kritische Erwachsene einem verleidet worden. Und nun sollen „gestandene Mannsbilder“ wieder malen wie die Kinder. Malen hat sehr viel weniger mit dem rationalen Denken zu tun als die Sprache. Ein Bild drückt eher symbolhaft, darstellend etwas aus, das man beim Sprechen vielleicht gar nicht wahrnehmen würde. Wieder entstehen Geschichten, Bildergeschichten vom Leben, vom einen nur flüchtig skizziert, vom anderen akkurat liebevoll ausgemalt. Nichts wird bewertet, es geht nicht um Leistung. Danach sitzen jeweils zwei Männer zusammen und erzählen sich wechselseitig von ihrem Heldenweg. Erinnerungen, schmerzhafte und schöne, werden wach, aus Altbekanntem heraus eröffnen sich neue Blickwinkel.

Initiation und das Überschreiten der Schwelle

Nachdem der Held die verschiedenen Hürden genommen hat, gelangt er an die Schwelle zu einem magischen Reich, z. B. dem Glasberg im „Trommler“, der Gralsburg o. Ä. Heute würden wir sagen, es ist die Schwelle ins Unbewusste mit seinen Trieben und Ängsten – jetzt geht's ans Eingemachte. Torhüter an der Schwelle bezeichnen die Grenzen der gegenwärtigen Lebenssphäre: dahinter liegt das Unbekannte, das Dunkle, die Gefahr. Im Gilgamesch-Epos sind es Skorpionmenschen, im „Wasser des Lebens“ zwei Löwen usw. Oft gerät der Held auch in einen Wald, in wegloses Gelände, in ein verwunschenes Schloss, was wieder heißt, der Held verlässt die vorgegebenen, gebahnten Wege und begibt sich in die Unsicherheit, in die Wildnis des eigenen Unbewussten; er überschreitet sozusagen die Schwelle zum Feenreich, zur magischen Welt. Die Initiation in der „Anderswelt“, wie sie im keltischen Sagenkreis heißt, bekommt man allerdings nicht umsonst: Um sich würdig zu erweisen, muss der Held schwere Prüfungen bestehen, von denen er oft nicht mal weiß, dass es Prüfungen sind.

Ein aussageträchtiges Beispiel dafür ist die Parzivalsage, wie sie auch Richard Rohr in seinem Vortrag erzählt hat. Als Parzival zur Gralsburg kommt, besteht er die Prüfung nicht, welche in einer einzigen, aber entscheidenden Frage bestanden hätte: Er hätte den kranken Gralskönig fragen müssen, was ihm fehle. Daher muss er noch eine lange Suchwanderschaft hinter sich bringen, bis er gereift, verwandelt ist und eine zweite Chance quasi geschenkt bekommt. Während dieser Wanderschaft erlebt Parzival alle Höhen und Tiefen menschlichen Lebens. Solche Erzählungen zeigen tröstlich, dass man(n) auch im realen Leben ohne Prüfungen und bittere Erfahrungen nicht wirklich reifer wird. Erst, wenn der Held die Prüfungen und Abenteuer erfolgreich bestanden hat, gewinnt er meist die ersehnte Frau oder das gewünschte Gut.

Eines Tages wähnt er sich dann am Ziel seiner Wünsche. Er hat alles erreicht, ist am Höhepunkt – oft aber nur scheinbar. Denn was dem Helden zu seiner Ganzheit, zu seiner Fähigkeit, Licht- und Schattenseiten zu verbinden, fehlt, ist das Leid, der Schmerz, der Verlust, der Tod: Und so folgt in den Märchen und Geschichten oft auf den Höhepunkt ein tiefer Fall meist in Form eines schmerzlichen Verlusts.

Viele machen solche Erfahrungen: Schicksalsschläge, Krankheit,

Todesfälle. Sie zwingen einen zum Umdenken, zur Veränderung. Man ist plötzlich aus der Vertrautheit, aus dem selbstverständlichen Ablauf des Lebens herausgefallen. Der Betroffene fühlt sich als Opfer der Umstände, des ungerechten Schicksals. Er will das Vertraute wiederherstellen, was aber nicht geht. Oft kommt es dann zu Depressionen, Schuldzuweisungen, Selbstmitleid. Es kann aber auch der Ruf zum Aufbruch sein, zum Überdenken des bisherigen Lebens, zum „Andersmachen". So jedenfalls legen es uns die Mythen und Märchen nahe.
Parzival beispielsweise erging es nicht anders: Nachdem er die Prüfung in der Gralsburg nicht bestanden hatte, traf er auf Artus und wurde in die Tafelrunde aufgenommen. Nun glaubte er sich am Gipfel seiner Wünsche. Doch auf den scheinbaren Höhepunkt kam der tiefe Fall: Kundrie, die hässliche, gefürchtete Gralsbotin, verfluchte ihn, weil er kein Mitleid hatte mit dem Gralskönig. Er verließ fluchtartig die Tafelrunde und begab sich auf eine verzweifelte Suche nach der Gralsburg. Parzival wurde immer verbitterter und es dauerte lange, bis er begriff, auf was es ankommt, nämlich auf die Liebe. Als Symbol seiner Wandlung (Initiation) legte er die rote Rüstung ab, die sozusagen sein Markenzeichen war, und trug nur mehr einen unauffälligen grauen Harnisch.
Die Geschichten zeigen immer ein Weitergehen, und in der Weiterentwicklung wächst der Held meist irgendwann in die Rolle des Liebenden. Es ist die Begegnung mit dem Weiblichen: nicht nur im Außen in Form einer Frau, sondern auch im Innern als die weibliche Seite des Mannes. Allerdings muss der Held nach der ersten Vereinigung mit der Frau wieder fort, um die wirkliche Liebe zu finden und nicht nur das sexuelle Begehren, welches er für Liebe hält. In den Geschichten führt die Erfahrung von Liebe nur über Verlust und Schmerz.
Vor jedem Entwicklungsschritt werden dem Helden neue Prüfungen abverlangt. Das ist der eigentliche Sinn der Initiation, der Einweihung: Das Leben selbst weiht uns permanent in die Geheimnisse ein und prüft uns, ob wir reif und bereit sind für den nächsten Schritt. Es ist nicht notwendig, alle Prüfungen immer zu bestehen, im Gegenteil: Oft verhilft eine nicht bestandene Prüfung erst zu einem wichtigen, notwendigen Reifeschritt, vorausgesetzt man ist bereit, alle Erfahrungen des Lebens als Lernchance zu begreifen.
Eine der häufigsten Prüfungen ist der symbolische Tod. Ohne Ster-

ben des Alten, des Hinderlichen, des Vergangenen ist kein Neubeginn, keine Geburt möglich. In den Mythen ist das Sterben meist eine Fahrt ins Todesreich, z. B. Herakles, Odysseus und Theseus gehen in den Hades und kehren lebend wieder zurück. Jona landet im Bauch des Walfisches und wird wieder an Land gespien. Im Märchen sind es die Symbole des Gefressenwerdens und des Scheintods. Bekannte Beispiele dafür sind Rotkäppchen, die sieben Geißlein, Schneewittchen und Dornröschen. Im „Trommler" muss der Held in den brennenden Scheiterhaufen springen, um einen Klotz herauszuholen. Er besteht die Prüfung, weil er keine Angst vor sich selber hat. Schließlich hat der Held aber alle Prüfungen glücklich gemeistert, ist eingeweiht, verwandelt, kann seine Schatten- und Lichtseiten in sich vereinen, kann die Gegensätze aufheben. Ziel jeder Einweihung ist letztendlich die Verbindung mit dem Göttlichen, wodurch der Held eine grundlegend andere Sicht der Welt bekommt.

Die Rückkehr

Denn geht es darum, dass der Held mit seinen neuen Erkenntnissen, seinem kostbaren Gut nicht in der anderen Welt (der göttlichen, der Feenwelt) bleibt, sondern zurückkehrt in die Menschenwelt. Dies ist oft die letzte Hürde für den Helden, in die gewöhnliche Welt der Menschen zurückzukehren, unter ihnen zu leben und seinen „inneren" Reichtum zu teilen. Die Rückkehr gelingt selten ohne Schwierigkeiten. Der Held verliert das „Wasser des Lebens" an seine zwei bösen Brüder. Im „Goldenen Vogel" wird der Held in einen Brunnen gestoßen, und die beiden Brüder kehren als vermeintliche Gewinner nach Hause zurück. Manchmal misslingt das Unternehmen des Zurückbringens auch ganz wie z. B. bei Orpheus und Eurydike. Oder der Trommler will vor der Heirat mit seiner erlösten Jungfrau noch seine Eltern besuchen, „vergisst" sie dann, und die Jungfrau muss selbst um die Erinnerung ihres Bräutigams kämpfen. In diesen Wendungen ist symbolisch, bildhaft ausgedrückt, wie schwer es ist, mit den Gaben, die man bekommen hat, in der „normalen" Welt so umzugehen, dass sie heilsam, heilbringend sind.

Hat der Held es geschafft, seinen kostbaren Besitz nicht zu verlieren oder zu vergessen, und ist zurückgekehrt, kann er sich in beiden Welten bewegen, ist er in beiden zuhause, in der göttlichen und der menschlichen; sie sind keine Gegensätze mehr für ihn. Der Held in den Märchen und Mythen ist also bis zum Schluss nie nur ein strahlender Sieger, der locker alle Hindernisse beseitigt und unbeirrt seinen Weg in den Sonnenuntergang reitet. Viel mehr ist er ein oft zerrissener, von Zweifeln geplagter, alle Höhen und Tiefen durchlebender Mensch, der trotzdem seinen Weg weitergeht, darauf vertrauend, dass es noch andere Kräfte gibt, die ihm zur Seite stehen, wenn seine eigenen nicht mehr ausreichen. Der Held ist ein Mensch, der die Liebe kennen gelernt hat und aus ihr lebt, der den Tod durchlitten und durchlebt hat und dadurch fähig wurde, die Gegensätze des Lebens in sich zu vereinen.

Workshop: Für den Helden in den Geschichten ist es geradezu lebenswichtig, dass er sich und sein unter Mühen erworbenes kostbares Gut unbeschadet „nach Hause" bringt, was nicht immer leicht ist. Für uns Männer ist es auch wichtig, unsere „erlöste Jungfrau", unsere „Schätze" nicht nur in uns zu tragen, sondern an andere weiterzugeben. Dies scheint ja auch ein Sinn der Märchen und Mythen zu sein. Daher tragen wir die gesammelten „Schätze" unseres Workshops zusammen: unsere Lebensgeschichte (Lieblingsgeschichte) und unser Jetzt-Bild. In der Zusammenschau von Vergangenheit und Gegenwart stelle ich folgende Fragen: Was hast du von dir weitergegeben? Was möchtest du weitergeben an deine Kinder, an andere, die dir wichtig sind? Was soll von dir Bestand haben?
In einer Phantasiereise fordere ich die Männer auf, sich in die Vorstellung von ihrem Lebensabend hineinzuversetzen: „Stell dir vor, du bist ein weiser alter Mann und schaust auf dein ganzes langes Leben zurück. In deinem Herzen erwacht der Wunsch, deine Erfahrungen, schöne wie schmerzvolle, weiterzugeben. Du denkst an deine Urenkel, Nachkommen oder die, die dir wichtig sind, und beginnst deine Geschichte niederzuschreiben. Sie beginnt mit den Worten: „Es war einmal …" Nur zögernd nehmen die Männer die Anregungen auf. Manche schreiben eifrig, andere hingegen überhaupt nicht; vielleicht schreibt, erzählt sich die Geschichte in ihrem Kopf, in ihrem Leib. Es ist nicht so wichtig. Zum Schluss bleibt eine eigentümliche Stimmung von gleichzeitig Schwere und Leichtigkeit, von realistischen Erfahrungen und „märchenhaften" Taten. Langsam leert sich der Raum wieder und der Workshop ist zu Ende.

Verwendete Bücher für Interessierte:

Campbell, Joseph: Der Heros in tausend Gestalten. suhrkamp taschenbuch 1978
Eliade, Mircea: Das Mysterium der Wiedergeburt. insel taschenbuch 1988
Fischedick, Heribert: Der Weg des Helden. Kösel-Verlag 1992

Politik für Väter

Workshop mit Werner Sauerborn

Von der Frauenförderung zu einer Politik der Geschlechterdemokratie. Neun Thesen zur Neubestimmung der Geschlechterpolitik

1. Die Geschlechterverhältnisse in den europäischen Ländern haben sich in den letzten Jahren spürbar verändert, „demokratisiert". Dennoch klafft weiterhin ein breiter Graben: Am Maßstab der Erwerbstätigkeit gemessen hat sich die Rolle der Frau insoweit geändert, als mehr Frauen Anteil an der Berufsarbeit haben. Da dieser Zuwachs vor allem im Bereich der Teilzeitarbeit und ungeschützter Arbeitsverhältnisse stattfand, ist das Gesamtvolumen weiblicher Erwerbstätigkeit nicht nennenswert gestiegen. Auf Seiten der Männer hat die Familienorientierung deutlich zugenommen, messbare Verhaltensänderungen bleiben demgegenüber jedoch zurück.

2. Das Rollengefälle zwischen den Geschlechtern ist auch in abgemilderter und modernisierter Form nicht hinnehmbar, weil es oft unfreiwillig ist, in weiten Bereichen gegen die Interessen der Beteiligten wirkt und gesellschaftlich und auch volkswirtschaftlich negative Wirkungen zeitigt.

3. Der neuralgische Punkt in den Biografien von Männern und Frauen, an dem sich traditionelle Rollenmuster immer wieder herausbilden bzw. verfestigen, ist die „Familien(gründungs)phase". Die gesellschaftlichen Rahmenbedingungen sind so gesetzt, dass Frauen

wieder die klassische Mutter- und Hausfrauenrolle und Männern der Part des Familienernährers zufällt, unabhängig davon, ob das den Beteiligten gefällt und ob sie andere Lebensperspektiven hatten. Die Strukturierungen in dieser Phase haben biografische Langzeitwirkungen: Frauen tun sich schwer, nach längerer Familienpause den beruflichen Anschluss zu schaffen. Männer verpassen wichtige Entwicklungsschritte im Leben ihrer Kinder. Umgekehrt liegt in diese Phase auch der Schlüssel zu Veränderungen.

4. Die Summe und das Leitbild staatlicher Regularien und Leistungsangebote lässt sich mit dem Begriff des „patriarchalen Sozialstaats" überschreiben. Das dürfte mit unterschiedlichen Ausprägungen und einem Nord/Süd-Gefälle für alle europäischen Länder gelten. In Deutschland hat sich ein konservatives familienpolitisches Ideal der fünfziger Jahre (stark geprägt aus der Zeit davor) so nachhaltig in gesellschaftlichen Strukturen eingebrannt, dass es eine beachtliche Resistenz gegen anders gerichtete gesellschaftliche Grundströmungen aufweist.
Stichworte hierzu aus deutscher Sicht (die sich allerdings in den meisten europäischen Industrieländern ähnlich wiederfindet): Steuer- und Sozialgesetze, wie das Ehegattensplitting im Einkommenssteuerrecht (fördert die Hausfrauenehe), die Konstruktion des Erziehungsgeldgesetzes (das nun zaghaft in die richtige Richtung novelliert werden soll), die Hinterbliebenenrente, das Leistungsangebot öffentlicher Kinderbetreuungsangebote (Preise, Öffnungszeiten, Altersbegrenzungen). All diese Regularien, Subventionierungen und Angebote legen nahe: einer (gemeint: *eine*) kümmert sich um die Kinder, der andere um die finanzielle Absicherung des Unternehmens Familie.
Patriarchaler Sozialstaat ist allerdings erstens kein Unterdrückungsinstrument, sondern ein sanftes ökonomisches Geleit in traditionelle Rollenmuster hinein und betrifft zweitens nicht nur Frauen, sondern das Geschlechterverhältnis mit seinen beiden Seiten: Ein und derselbe Tatbestand, der bisher nur als gegen Frauen gerichtet thematisiert wurde, hat eine ebenso nachhaltige komplementäre Wirkung auf Männer und ihr Rollenverhalten.

5. Es ist nicht zu erwarten, dass sich die Lebensentwürfe von Frauen und Männern schlagartig egalisieren würden, wenn der gängelnde

Einfluss von Staat und Gesellschaft beendet würde. Die Beharrlichkeit gesellschaftlicher Rollenmuster verdankt sich nicht nur den äußeren Rahmenbedingungen, sondern auch den Einstellungen und Bewusstseinslagen der Beteiligten. Dies ist vor allem, aber nicht nur ein Thema der Männer.
Während Frauen – nolens volens – zunehmend mehrdimensionale Biografien leben (Beruf/Familie mit phasenweise unterschiedlichen Prioritäten), zeichnen sich Männerleben immer noch durch Eindimensionalität aus: Vollerwerbstätigkeit und Normalarbeitstag, allerdings mit zunehmenden Friktionen wie Arbeitslosigkeit, Berufswechsel, Krisen. Für die Männer geht es um einen Loslösungsprozess von dieser Eindimensionalität. Keine Loslösung von der Arbeitsorientierung an sich, kein Verzicht auf Befriedigung und Erfolg in der Berufsarbeit, aber eine Neubestimmung des Verhältnisses zur Arbeit, die Raum und Zeit lässt für das Leben mit Kindern und für sich selbst – ein schwieriges Unterfangen angesichts neuer Arbeitsformen, die in vielen Berufsfeldern kaum noch eine Grenze zwischen selbst- und fremdbestimmter Arbeit ermöglichen.

6. Männer müssen nicht nur sich selbst, auch andere müssen Männer anders sehen. In der betrieblichen Personalpolitik sollten Männer, die Familienverantwortung übernehmen, nicht als Leistungsverweigerer gesehen werden, sondern als Menschen, die sich einer ihnen zugewachsenen Verantwortung stellen und dabei viele alltagsbezogene Kenntnisse und Fertigkeiten (von technisch bis emotional) entwickeln, die auch in der Arbeitswelt nützlich sind. Personalpolitik sollte (auch) Männer auch in ihrem familiären Umfeld wahrnehmen und sie bei Lösung von Vereinbarkeitsproblemen unterstützen. Dies gilt auch im Krisenfall. Ein trennungsbetroffener Vater durchläuft eine belastende Lebensphase, die seine Leistungsfähigkeit vielleicht vorübergehend einschränkt. Er ist nicht an sich leistungsgemindert.

7. Der Rollenänderungsprozess von Frauen bezog sich bisher vor allem auf die ihnen vorenthaltene Sphäre Arbeitswelt, während – auf Grund männlicher Zurückhaltung – die Sphäre Familie ausgenommen blieb. In dem Maße, indem Männer Verantwortung für die Reproduktionsarbeit übernehmen, wird auch das Selbstverständnis von Frauen im familiären Bereich auf den Prüfstand gestellt wer-

den. Eskalierende Trennungskonflikte sind oft Ausdruck widersprüchlicher Rollenverständnisse in der Familie.

8. Strukturelle Hemmnisse und Einstellungshemmnisse müssen in ihrer Interdependenz thematisiert werden und sollten nicht in eine Rangfolge gebracht oder alternativ gesehen werden. Allerdings scheint das derzeit größere Problem in den gesellschaftlichen Rahmenbedingungen zu liegen, weil Einstellungsuntersuchungen immer wieder bestätigen, dass Männer weitere Schritte zu gehen bereit wären, wenn die Umstände es ermöglichen würden.

9. Fortschritte in der Geschlechterfrage erfordern eine Neubestimmung der Geschlechterpolitik. Thematisch bedeutet das: Die emanzipatorischen Interessen von Männern müssen als zentrales Thema in ein Politikfeld „Geschlechterdemokratie“ aufgenommen werden. Das Geschlechterverhältnis im Familienbereich muss verstärkt auf die Tagesordnung gesetzt werden und in seiner Wechselwirkung zur Rollenverteilung im Bereich Beruf/Arbeit thematisiert werden.
Strategisch bedeutet das: Einbeziehung von Männern in die Formulierung und Umsetzung dieses Politikfeldes. Geschlechterpolitik nicht (von Ausnahmen abgesehen) gegen, nicht an Stelle von und nicht für Männer zu machen, sondern mit ihnen. Ein neues Bündnis für Gleichberechtigung! Die wesentlichen Projekte der Gleichberechtigung werden nur in einem Emanzipationsbündnis gegen die Stagnation und den Roll-back in der Geschlechterfrage und damit gegen restaurative Tendenzen auf der Männer- wie auf der Frauenseite zu verwirklichen sein.

Auch Töchter brauchen Väter

Workshop mit Ingrid Holzmüller

Dass der Vater für die Entwicklung seines Sohnes und dessen männlicher Identifikation eine maßgebliche Rolle spielt, ist inzwischen eine nicht mehr wegzustreitende Tatsache. Welchen Part aber spielt der

Vater bei der Erziehung seiner Tochter? Braucht es ihn dort überhaupt? Ist nicht analog dazu gesehen die Mutter für die Auseinandersetzung mit der Weiblichkeit zuständig? Lange Zeit wurde der Tatsache, dass der Vater der erste Mann im Leben einer Tochter ist – schließlich lernt sie mit und über ihn den Dialog mit dem anderen Geschlecht –, kaum Beachtung geschenkt. Wenn dieser Kontakt großteils in einer abschätzigen, das Mädchen entwertenden Art und Weise abgelaufen ist, weil sich der Vater außerstande sieht, die Annäherung der Tochter zu beantworten, dann dürfen wir uns nicht wundern, wenn diese meist unaufgearbeiteten Kränkungen mit jedem Kontakt zu einem Mann wieder neu belebt werden.
Spätestens in der Pubertät, wenn aus der kleinen Tochter unübersehbar eine Frau wird, wenn sie langsam einen weiblichen Körper bekommt, sind viele Väter so verunsichert, dass sie den Rückzug antreten. Was ursprünglich als Schutz vor Sexualität gedacht war, kommt bei den Mädchen völlig anders an. Kein Mädchen wird den plötzlichen Rückzug des Vaters verstehen, schon gar nicht in einer Zeit, in der es sich nach väterlicher, sprich männlicher Beachtung sehnt. Übrig bleibt nur ein brüchiges Selbstwertgefühl, verbunden mit dem Schmerz und der Erkenntnis: „Ich bin als Tochter (Frau) nicht gut genug, sonst würde er sich liebevoller um mich kümmern.“ Viele junge Frauen kämpfen dann mehr oder weniger verzweifelt um die Aufmerksamkeit des Vaters. Das kann durch Leistung, durch Rebellion, durch Gefallen usw. geschehen. Um den „Phantomschmerz“ Vater zu lindern, suchen Frauen oft Wiedergutmachung und Heilung in einer Partnerschaft oder Ehe. So erscheinen viele Männer ihren Frauen als gefühllos und enttäuschend, ohne es eigentlich zu sein, denn in Wirklichkeit gilt der Vorwurf dem Vater, der sich der Verantwortung der kindlichen Liebe entzogen oder sie, was noch schlimmer ist, missverstanden und missbraucht hat. Die offene bis schlecht verheilte Vaterwunde sorgt in Partnerschaften immer wieder für reichlich Problemstoff. Der Partner muss dann für die offenen oder verdeckten Sehnsüchte und Wünsche herhalten und bekommt stellvertretend das ab, was eigentlich dem Vater der Frau gehört. Der oft verzweifelte Wunsch der Frauen an die Männer nach mehr Nähe und gefühlsmäßiger Intensität kann mitunter den Ursprung in einer Vaterbeziehung haben, in der der Vater entweder durch berufliche Abwesenheit geglänzt oder/und sich emotional zu wenig engagiert hat.

Ziel des Frauen-Workshops war es, sich dieser Thematik einmal zu stellen und die Beziehung zum eigenen Vater und seinen Einfluss auf mein Leben kritisch zu durchleuchten: Wie war mein Verhältnis zu ihm, als ich noch Kind war, und wie hat es sich im Laufe der Jahre verändert? Welche Ereignisse haben unsere Beziehung verändert sowohl zum Positiven als auch zum Negativen? Was hätte ich in der jeweiligen Lebensphase von ihm gebraucht? Was habe ich an Fähigkeiten von ihm mitbekommen? Welche Prägungen belasten mich? Was möchte ich ändern? Was ist real umsetzbar, könnte ein erster Schritt sein und von welchen Vorstellungen gilt es Abschied zu nehmen? Wenn Frauen sich diesen Fragen stellen, kann das Zusammenhänge verdeutlichen und neue Wege aufzeigen helfen.

Wie fühlt sich eine Frau auf einer Männertagung …?
… anfangs recht exotisch, um es auf den Punkt zu bringen. Jetzt habe ich zumindest eine Vorstellung davon, wie Männer sich fühlen, wenn sie auf Seminaren, Vorträgen, Elternabenden in so erschreckender Minderheit sind. Immer wieder wurde ich besorgt darauf angesprochen, wie ich mich unter so vielen Männern fühle und wie es mir mit so viel geballter Männlichkeit geht. Für mich war es insgesamt eine faszinierende Erfahrung, in dieser für mich doch fremden Welt Gast sein zu dürfen. Als Gast habe ich mich gefühlt und bin auch so zuvorkommend wie einer behandelt worden. Die Tage von Donnerstag bis Sonntag waren für mich unendlich wertvoll und sehr berührend. Vieles konnte ich mir mit Interesse anhören, ohne gleichzeitig in meinen „Und wie setze ich das jetzt in meinem Alltag um"-Stress zu geraten; denn angesprochen wurden ja ausschließlich Männer. Am eindringlichsten und nachhaltigsten ist mir ein Satz von P. Richard Rohr hängen geblieben, nämlich dass Respekt die Lebensgrundlage für einen Mann ist und dass er ohne Respekt zugrunde geht.

Resolution zur Männertagung

Workshop mit Klaus Edlinger

Über die Entstehung und Verbreitung einer Resolution
Von Anfang an war klar, dass als Zusammenfassung dieser Männertagung eine Resolution veröffentlicht werden sollte. Mir wurde von den Organisatoren die Aufgabe übertragen, die Entstehung dieser Resolution zu moderieren. Da die Resolution ursprünglich als Workshop ausgeschrieben war, war es vorerst gar nicht einfach, genügend kompetente Teilnehmer zu finden. Wie immer beim Thema Selbstdarstellung einer Veranstaltung in der Öffentlichkeit, kam die Angst dazu, dass endlose Diskussionen und Monologe Einzelner die Arbeit der Resolutionsgruppe wenn nicht unmöglich, so doch sehr schwierig machen würden.
Nach langen Überlegungen ist es uns gelungen, Vertreter aller bei der Tagung vertretenen Männereinrichtungen für die Resolutionsgruppe zu gewinnen. Zusätzlich wurden zu Beginn der Tagung alle Männer, die daran interessiert waren, eingeladen, nach und zwischen den einzelnen Vorträgen und Workshops ihren Beitrag zur Resolutionsgruppe zu leisten und auch die Beurteilungsbögen für die einzelnen Veranstaltungsteile und die Tagung als Gesamtes abzugeben. Daraus ergab sich, dass die Arbeit der Resolutionsgruppe in den Pausen der Männertagung und abends erfolgen musste. Zusätzlicher Stressfaktor war, dass wir von den politischen Parteien in Österreich nach langem „Nicht-einmal-Ignorieren" die Zusage erhielten, dass Nationalratsabgeordnete zur Vorstellung der Resolution und der anschließenden Diskussion kommen würden. Wir hatten also große Erwartungen und Anforderungen, die erfüllt werden mussten.
Von Anfang an war es für mich klar, dass die Resolution der Männertage 2000 kein ausformulierter Text werden konnte. Dafür war einfach zu wenig Zeit vorhanden. Allein die Vorstellung, je nach Anwesenheit, 8 bis 20 verschiedene und zum Teil widersprüchliche Meinungen von kompetenten und von ihrer Wahrheit absolut überzeugten Männern unter einen Formulierungshut zu bringen, ließ mich zurückschrecken. Zusätzlich war und bin ich davon überzeugt, dass, wie sehr man(n) sich auch bemüht, objektiv und unter

Berücksichtigung aller Meinungen zu formulieren, immer ein nach einer Männergruppe oder nach einer Einzelmeinung tendierender Text entstehen wird. Daher war mein Ziel, alle Meinungen und Statements zu sammeln, die als Forderungen und Wünsche von Männern an die (österreichische) Gesellschaft verstanden werden können. Das war mit einer Pinnwandmoderation am leichtesten zu verwirklichen.

Es war großartig zu sehen, mit welchem Engagement die Teilnehmer in der Gruppe arbeiteten und auch die Meinungen von Männern, die nur kurzfristig in der Gruppe ihre Statements abgaben, in die Resolution einarbeiteten. Jeder einzelne Teilnehmer hat natürlich auch eine große Zahl von Männern aus den jeweiligen Einrichtungen vertreten. Die Diskussionen verliefen entgegen meinen/unseren Ängsten gestrafft und konstruktiv. Von allen Seiten war das Bemühen um eine aussagekräftige Resolution zu spüren. Durch diese Art der Zusammenarbeit ergab sich insgesamt die große Vielfalt, die in der Resolution auch nachzulesen ist. Manchmal war es etwas schwierig, den Teilnehmern zu vermitteln, dass es nicht darum ging, sich mit einer Meinung durchzusetzen, sondern möglichst viele Statements zu sammeln, um die Vielfältigkeit der vertretenen Meinungen zu dokumentieren. Aber mit Hilfe aller Anwesenden und der Bereitschaft zu Respekt und Akzeptanz anderer Meinungen ist auch das gelungen.

Die Auswertung der Fragebögen ergab hohe Zufriedenheit mit dem Verlauf und den Inhalten der Tagung und entsprechend sollte dann auch die Resolution präsentiert werden. Über Nacht wurden Texte der Moderationskarten abgeschrieben und vervielfältigt, damit das Protokoll an die Tagungsteilnehmer, die Presse und die Politiker verteilt werden konnte. In einer zum Teil sehr hitzigen Diskussion mit den Tagungsteilnehmern vor der offiziellen Vorstellung wurde als wichtiger Fakt festgehalten, dass alle Wünsche und Forderungen mit Nachdruck zu vertreten sind und eigentlich sehr selbstverständlich ihrer Verwirklichung harren.

Ein kleines Ärgernis war für mich und die Mitglieder der Resolutionsgruppe, dass einige Männer ihre Kritik an dem Resolutionstext erst am Sonntagmorgen abgaben und zusätzlich keine konstruktiven Änderungsvorschläge anführen konnten. Ich denke, dass es extrem wichtig ist, dass wir Männer unsere Ideen und Vorschläge zu Änderungen in der Gesellschaft gegenseitig weiter ausbauen und

unterstützen und nicht verkleinern oder schlecht machen. Das Thema erscheint mir zu wichtig, als dass es zur Profilierung durch Negation und Verweigerung missbraucht wird.
Leider war von den angekündigten Nationalratsabgeordneten kein Einziger vertreten und wir mussten unsere Diskussion mit Tiroler Lokalpolitikern der Sozialdemokraten, Grünen und Freiheitlichen durchführen. Die ÖVP fand es überhaupt nicht notwendig vertreten zu sein. Die Diskussion verlief dann sehr kultiviert, aber nach meiner Meinung ohne großen Effekt, da ich die Umsetzungskompetenz der anwesenden Politiker einfach bezweifle.
Daher war es besonders wichtig, den Resolutionstext an die ebenfalls nicht vorhandene Presse zu verteilen. Ich erhoffe mir auch aus der Veröffentlichung in diesem Buch, dass die Wünsche und Forderungen von Männern, die über ihr Vater-Sein, ihr Sohn-Sein und ihre Männlichkeit nachdenken, weiter verbreitet werden und auch Wege zur Verwirklichung gefunden werden.

WIR WOLLEN GEHÖRT WERDEN

Die Resolution der 2. Österreichischen Männertagung 2000

Männer, die über ihr Vater-Sein, ihr Sohn-Sein und ihre Männlichkeit nachdenken, wünschen, wollen, fordern:

Bekenntnisse

Gesellschaftliche Anerkennung der Bedeutung der Väter
Wer auch Väter meint, soll nicht nur Eltern sagen
Kindern weitere männliche Bezugspersonen bieten (zu Hause, Kindergarten, Schule)
Weniger Arbeit, mehr vom Leben
Neue „Karrieremodelle"
Männerfreundschaften wertschätzen
Weniger Macht, mehr vom Leben
Halbe-Halbe bei Geld, Zeit und Verantwortung
Anerkennung der homosexuellen Männer (StGB, Partnerrecht)
Offene Gesprächskultur zum Thema Sexualität
Ganzheitliche Männerspiritualität (Initiation, Mentor ...)
Aufwertung der Lebenserfahrung der „alten" Männer
Bekenntnis zu männlicher Kraft und Stärke
Gegen privaten Waffenbesitz
Gegen Männergewalt auftreten
Gegen Kriege und Militarisierung auftreten

Vaterschaft bei Scheidung/Trennung

Gemeinsame Obsorge verpflichtend bei einvernehmlicher Trennung/Scheidung
Familientherapeutische Weiterbildung für Familienrichter
Förderung kooperativer Problemlösungen (Bsp. Co-Mediation)
Unterstützung des Kontaktes Vater/Kind nach Trennung/Scheidung
Betreuungsangebote für konfliktträchtige Besuchssituationen

Vaterschaft und Beruf

- Attraktive Teilzeitkarenz
- Karenzgeld in der Höhe des Arbeitslosengeldes
- Papamonat (1 Monat im 1. Lebensjahr des Kindes bei Lohnausgleich)
- Job-Sharing
- Familienfreundliche Arbeitsbedingungen und Arbeitszeiten
- Mehr Betriebskindergärten und Krabbelstuben
- Teilzeitjobs für Männer

Männerarbeit

- Förderung von Männerbildung, Männerforschung, Männerberatung und Väterprojekten
- Buben- und Burschenarbeit
- Mehr Lehrer in Volksschulen (Umschichtung von Hauptschulen)
- Zivildiener in Kindergärten
- Gewaltberatung als flächendeckendes Angebot im Sinne von Gewaltprävention
- Materielle Absicherung von Männerprojekten
- Alternative Männerzeitungen
- Vernetzung der Männerarbeit in Österreich
- Männliches Geschichtsbewusstsein (Kriege, Väter, Großväter)

Markus Hofer

Kommentierte Literaturliste

Männlichkeit

Steve Biddulph: Männer auf der Suche. Sieben Schritte zur Befreiung, München 1996 (Beust Verlag)
Die ideale Einstiegslektüre in die wichtigsten Männerthemen (Den Vater entdecken, Sexualität und Geist, Männer und Frauen, Arbeit finden, die befriedigt usw.), dazu noch markig und griffig geschrieben.

Richard Rohr: Der wilde Mann. Geistliche Reden zur Männerbefreiung, München 1988 (Claudius Verlag)
Mit diesem Buch hat vieles begonnen. Eine befreiende spirituelle Perspektive, die eine Reise anbietet vom Macho (= falscher Mann) über den Softie (= falsche Frau) zum wilden Mann, reif und kraftvoll zugleich.

Richard Rohr: Masken des Maskulinen. Neue Reden zur Männerbefreiung, München 1995 (Claudius Verlag)
In verschiedenen Reden führt R. Rohr seine Gedanken über Männer fort. Im Zentrum stehen die vier männlichen Archetypen: der König, der Krieger, der Magier und der Liebhaber.

Dieter Schnack u. Thomas Gesterkamp: Hauptsache Arbeit. Männer zwischen Beruf und Familie, Hamburg 1996 (Rowohlt Verlag)
Es nützt wenig, die neue Väterlichkeit auszurufen, wenn die Männer im Berufsleben feststecken. Hauptsache Arbeit: Männer müssen begreifen, dass es damit allein nicht getan ist. Der Mann lebt nicht vom Job allein …

Paul M. Zulehner (Hg.): Müssen Männer Helden sein? Neue Wege der Selbstentwicklung, Innsbruck 1998 (Tyrolia-Verlag)
Der unabdingbare Weg zur Männlichkeit ist wichtig und spannend. Neben der Initiation können Vorbilder und Mythen hilfreich sein. Die Autoren wollen verborgene Seiten des Mann-Seins wieder entdecken und Männer dahin begleiten.

Markus Hofer: Franz für Männer. Was uns der Mann aus Assisi zu sagen hat, Innsbruck 2001 (Tyrolia-Verlag)
Ein Buch zum Thema Männerspiritualität, aufgehängt an der Figur des Franz von Assisi. Auf Grund seiner Lebensgeschichte geht es selbstverständlich auch um das Thema Vater und Sohn, Möglichkeiten der Loslösung und die Wirkung des väterlichen Segens.

Väter

John Selby: Väter und ihre Rolle in unserem Leben, München 1999 (Kösel-Verlag)
Das Buch mit persönlichen Übungsanleitungen richtet sich an alle Söhne und Töchter, die für sich selber klar werden wollen, wie ihr Vater wirklich war, wie er sie geprägt und welche Wirkungen diese Prägung auf ihr Leben hat.

Christiane Olivier: Die Söhne des Orest. Ein Plädoyer für Väter, München 1997 (dtv 1690)
Im Zeitalter der ‚Lebensabschnittspartner' und Alleinerziehenden wachsen immer mehr Kinder nur mit ihrer Mutter auf. In der vaterlosen Gesellschaft von heute werden die Fehler von gestern zum Problem von morgen. Neue Väter braucht das Land!

Wassilios E. Fthenakis: Engagierte Vaterschaft. Die sanfte Revolution in der Familie, Opladen 2000 (Leske & Budrich Verlag)
Der Autor spielt eine große Rolle in der empirischen Väterforschung im deutschen Sprachraum und ist immer wieder bemüht, seine Forschungsergebnisse in verständlicher Form den Betroffenen wieder zugute kommen zu lassen.

Horst Petri: Guter Vater – Böser Vater. Psychologie der männlichen Identität, Bern 1997 (Scherz Verlag)
Väter sind keine Mütter. Petri warnt vor falsch verstandenem Väterkult und will aufzeigen, dass das, was der Zeitgeist und die Frauen von ihren Männern heute erwarten, den psychologischen Fakten widerspricht.

Horst Petri: Das Drama der Vaterentbehrung. Chaos der Gefühle – Kräfte der Heilung, Freiburg 1999 (Herder Spectrum)
Immer mehr Kinder und Jugendliche wachsen ohne Vater auf; die Tendenz ist steigend. Vaterentbehrung hat dramatische Auswirkungen – sowohl für die Betroffenen als auch für die Gesellschaft. Das Buch ist ein aufrüttelndes Plädoyer für die zentrale Rolle der Väter.

Matthias Matussek: Die vaterlose Gesellschaft. Überfällige Anmerkungen zum Geschlechterkampf, Hamburg 1998 (rororo 1490)
Kämpferisch und manchmal scharf im Ton ist diese Auseinandersetzung mit der aktuellen Geschlechterdiskussion, in der Männer stets die Täter und Frauen stets die Opfer sind. Für Männer zu sprechen scheint obsolet und politisch nicht korrekt.

Andreas Schmidt: Mehr Vater für das Kind – auch nach Trennung oder Scheidung. Wege aus der vaterlosen Gesellschaft, Weinheim 1998 (Beltz Verlag)
Was können Trennungsväter tun, damit sie nach Scheidung ihre Kinder nicht verlieren? Ein Ratgeber, der informiert und betroffen macht und trotzdem auf Dialog und Verständigung setzt. Er bezieht sich allerdings auf die deutsche Rechtslage.

Steve Biddulph: Jungen! Wie sie glücklich heranwachsen. Warum sie anders sind – und wie sie zu ausgeglichenen, liebevollen und fähigen Männern werden, München 1998 (Beust Verlag)
Ein echter Ratgeber für Eltern und Erziehende, die ihr Verständnis für Jungen grundlegend und positiv verändern wollen, manchmal vielleicht provozierend, aber voll Erfahrung, lebensnah, erfrischend und praxisorientiert.

Dieter Schnack u. Rainer Neutzling: Kleine Helden in Not. Jungen auf der Suche nach Männlichkeit, Hamburg 1990 (rororo 8257)
„Im Bechern und Sumpfen kam ihm keiner gleich. Da war er unvergleichlich." Ein einfühlsames, wenn auch etwas problemorientiertes Bild in die Alltagsrealität. Unsere Jungen, die kleinen männlichen Helden, sind in Not. Es fehlt an Halt und Orientierung. Gesucht: Starke Männer.

Dieter Schnack u. Rainer Neutzling: „Der Alte kann mich mal gern haben!" Über männliche Sehnsüchte, Gewalt und Liebe, Hamburg 1997 (rororo 1690)
Aufsätze zu: Wovor Jungen Angst haben, Wer schützt Jungen vor Gewalt?, Vatererfahrungen der heutigen Vätergeneration, Pubertät im Spiegel der Geschlechterrollen, Sucht- und Sexualverhalten, Angst vor Schwulen usw.

Tim Rohrmann: Junge, Junge – Mann, o Mann. Die Entwicklung zur Männlichkeit, Hamburg 1994 (rororo 9671)
Da gibt sich eine Generation von Eltern Mühe, ihre Jungen zu netten und einfühlsamen neuen Männern zu machen – und heraus kommen prügelnde Möchtegern-Helden oder verunsicherte kleine Jungs. Was ist da schief gelaufen?

Eva Zeltner: Weder Macho noch Muttersöhnchen. Denkanstöße zum Umgang mit Jungen, Bern 1996 (Zytglogge Verlag)
Buben sind von Natur aus weder Rambos noch Softies, entwickeln sich aber auch nicht von selbst zu verantwortungsbewussten, einfühlsamen Männern. Praktische Denkanstöße sollen in der Jungenerziehung zu neuen Wegen führen.

William F. Pollack: Richtige Jungen. Was sie vermissen, was sie brauchen – Ein neues Bild von unseren Söhnen, Bern 1998 (Scherz Verlag)
Unsere Söhne haben Probleme. Und die sind gravierender, als wir denken. Dass Mädchen anders sind als Jungen, wissen wir inzwischen. Aber wie sind Jungen wirklich? Was brauchen sie, um sich positiv und gesund entwickeln zu können?

Carol Lee: Hilflose Helden. Wenn Jungen keine Vorbilder mehr finden, Hamburg 1998 (rororo 1690)
Ein leicht lesbares Buch über das Leben und die Sehnsüchte von Jungen und jungen Männern. Wie sehen sie sich selbst? Was halten sie von ihren Vätern? Was heißt es, ein Mann zu sein in unserer hoch technisierten Welt, in der „Helden" sich erübrigt haben?

Autorenverzeichnis

Günther Nenning, DDr., geb. 1921 in Wien, Studium der Sprach- und Religionswissenschaften, Journalist, Buchautor, Filmemacher, Stückeschreiber, Schauspieler, junger Vater

Thomas Gesterkamp, geb. 1957, Journalist und Buchautor, lebt in Köln und ist Vater einer neunjährigen Tochter, Studium der Soziologie, Pädagogik und Publizistik, Beiträge zu Männerthemen im Hörfunk und in div. Zeitschriften

Albrecht Mahr, Dr. med., Facharzt für Psychotherapeutische Medizin, Psychoanalytiker, Systemtherapeut, seit 1987 Zusammenarbeit mit Bert Hellinger in Systemischer Familientherapie, Leiter des Instituts für Systemaufstellungen Würzburg

Wassilios E. Fthenakis, Prof. DDDr., Anthropologe, Psychologe und Molekulargenetiker, seit 1975 Direktor des Staatsinstituts für Frühpädagogik in München, seit 1987 Professor für angewandte Entwicklungspsychologie und Familienforschung in Augsburg, Buchautor

Richard Rohr, OFM, geb. 1943, Franziskanerpater, lebt in Ohio, USA, Gründer des Zentrums für Aktion und Kontemplation in Albuquerque, New Mexico, internationale Vortrags- und Seminartätigkeit, vor allem im Bereich der Männerarbeit, Buchautor

Markus Hofer, Dr. Mag., geb. 1957, seit 1996 Leiter des Männerbüros der Katholischen Kirche Vorarlberg, Erwachsenenbildner, Buchautor

Dietmar Bibermann, Mag., Theologe, Germanist, tätig als Lehrer an Höheren Schulen, arbeitet in Männergruppen

Peter A. Thomaset (Lebensberater) und *Gregory Campbell* (Zen-Mönch, Mentor), beide von „nahverwandt – Verein für Männer-, Frauen- und Jugendarbeit"

Hubertus Hartmann, Psychotherapeut in freier Praxis (Vorarlberg) Schwerpunkt Mäünnerarbeit

Peter Jedlicka, Mag., Soziologe, Berater beim Arbeitsmarktservice Wien, betreibt eine Männer-Infohomepage: www.maennerinfo.org

Peter Lissy, Dr., Psychotherapeut mit Männerschwerpunkt beim Institut für Sozialdienste, Feldkirch (Vorarlberg)

Werner Sauerborn, Dr., Sozialwissenschaftler, Vorsitzender des Herausgebervereins der Väterzeitschrift „PAPS"

Ingrid Holzmüller, Leiterin des Ehe- und Familienzentrums der Katholischen Kirche Vorarlberg

Klaus Edlinger, Sozial- und Lebensberater, Kommunikationstrainer